旅游劳务移民挤出效应研究

田　里　宋俊楷　著

科 学 出 版 社
北　京

内 容 简 介

本书在梳理国内外旅游移民文献基础上，针对旅游劳务移民的产生、发展及影响，首次系统性地探讨旅游劳务移民的概念、特征、类型、演化和表现形式，从人口学特征、流动特征、从业特征和迁移特征四个角度分析旅游劳务移民的行为特征，从推力和拉力角度分析旅游劳务移民的形成原因，并提出旅游劳务移民挤出效应的形成机理、具体类型、表现形式和主要特征，测度旅游劳务移民空间挤出和功能挤出的结果及影响因素，提出旅游劳务移民挤出效应的调控路径。本书对旅游劳务移民领域研究具有一定的理论价值，对我国旅游劳务移民政策制定和旅游目的地流动人口管理具有一定指导意义。

本书可供科研机构、大专院校、政府部门和旅游企业等参考使用。

图书在版编目（CIP）数据

旅游劳务移民挤出效应研究 / 田里，宋俊楷著. —北京：科学出版社，2024.3

ISBN 978-7-03-077535-1

Ⅰ. ①旅… Ⅱ. ①田… ②宋… Ⅲ. ①旅游－移民－研究－中国 Ⅳ. ①F592 ②D632.4

中国国家版本馆 CIP 数据核字（2023）第 254312 号

责任编辑：王丹妮 / 责任校对：姜丽策
责任印制：张 伟 / 封面设计：有道设计

科学出版社 出版
北京东黄城根北街 16 号
邮政编码：100717
http://www.sciencep.com
北京中科印刷有限公司印刷
科学出版社发行 各地新华书店经销
*
2024 年 3 月第 一 版 开本：720 × 1000 1/16
2024 年 3 月第一次印刷 印张：9 1/2
字数：192 000

定价：115.00 元

（如有印装质量问题，我社负责调换）

前　　言

发展水平不同所形成的区域客观差异，以及现代交通运输和信息交流条件的不断改善，导致全球移民的规模和频次在不断上升。然而，移民研究主要集中于从经济欠发达地区迁往经济发达地区，而对经济发达地区迁往经济欠发达地区的“逆流”关注较少。旅游劳务移民作为一种包含“逆流”的移民形式，对促进以县域为重要载体的新型城镇化建设具有重要意义，同时对解决乡村振兴过程中的农村“空心化”问题具有参考价值。因此，对旅游劳务移民及其挤出效应进行研究具有重要的理论意义和实践价值。为此，本书以丽江市古城区大研古城为案例地，综合运用定性分析、定量统计分析和混合研究等方法，就旅游劳务移民及其挤出效应问题进行系统研究。研究涉及以下主要问题。

一、构建旅游劳务移民基本理论

首先，借鉴前人研究成果并结合旅游地调研情况，将旅游劳务移民定义为，由旅游发展而引致的长期居住地改变超过一定时间的劳动者。其次，旅游劳务移民通常具有旅游驱动性、目的劳务性、过程动态性和时间长期性四个基本特征，可依据空间范围、居留时间、所处职位、流动规律和迁移动机对其进行分类，并存在固定分布、季节分布和环形分布三种分布形态。再次，旅游劳务移民发展演化包括零散迁移阶段、规模迁移阶段和调整迁移阶段三个阶段。最后，旅游劳务移民主要包括空间迁移和社会迁移两种表现形式，两者分别对应于旅游劳务移民的数量维度和时间维度，均能提升旅游地对旅游劳务移民的吸引力。

二、辨识旅游劳务移民行为特征

首先，通过人口学特征分析，得出古城外地旅游劳务人口与旅游劳务移民的特征基本一致，均是女性占大多数，年龄主要为 21~40 岁的青年人，受教育程度大多为高中或中专，原始职业主要为自由从业者、学生及旅游相关行业，来自省外的比例较高，基本没有迁移户口。其次，通过旅游劳务移民迁移数量分析，得出每 8 个空间迁移会产生 1 个社会迁移，空间迁移存在“祥和居住，大研工作”的现象，比例大致为 81.21%，社会迁移比例大致为 8%。再次，旅游劳务移民从业类型分布为商品零售>住宿服务>餐饮服务。最后，空间迁移动机大多为个人理想，主要途径为实现理想，返乡模式大多为淡季返回家乡；社会迁移居留意愿与居留时间呈现倒 U 形相关，工作意愿和融入意愿与居留时间呈现正 U 形相关。

三、解析旅游劳务移民形成原因

首先，旅游劳务移民由旅游地条件和个体性条件形成的拉力和推力共同作用形成，旅游地条件主要指旅游发展、生活环境和公共服务；个体性条件主要指职业收益、社会融入和地方依恋。其次，旅游劳务移民迁入意愿与旅游发展、生活环境、公共服务、职业收益和地方依恋均存在关系，虽然解释力较强，但不是必要条件；旅游劳务移民迁出意愿与旅游发展、公共服务密切相关，为必要条件。最后，旅游劳务移民形成原因包含“环境-职业”型、“环境-融入”型和“职业-融入”型三种模式，主要模式为“环境-职业”型，即大多数旅游劳务移民因为环境而喜欢这里，因为职业而留在这里。

四、分析旅游劳务移民挤出效应

首先，旅游劳务移民挤出效应形成机理遵循三条作用逻辑线索，即“涌入”到“挤出”的主线逻辑、“拥挤”到“挤出”的副线逻辑和“挤出”到“涌入”的逆线逻辑。其次，旅游劳务移民挤出效应包括资本挤出、成本挤出、跟随挤出和孤立挤出四种模式。再次，旅游劳务移民挤出效应表现为空间挤出和功能挤出，其中空间挤出是“中心—边缘”方向的挤出，包括生活空间挤出和生产空间挤出；功能挤出是“非旅—旅游”方向的挤出，包括家乡功能挤出、生活功能挤出和文化功能挤出。最后，旅游劳务移民挤出效应具有形态上空间挤出和功能挤出的差异性与统一性、时间上的动态性与非线性、空间上的渐进性与难以逆转性三个特征。

五、测评旅游劳务移民挤出效应

首先，构建旅游劳务移民挤出效应概念模型，根据 PSR（pressure-state-response）框架，选择流动压力、空间状态和挤出响应三个维度，构建 PSR 空间挤出概念模型；选择发展压力、经营状态和挤出响应三个维度，构建 PSR 功能挤出概念模型；并在此基础上，建立 PSR 空间挤出和 PSR 功能挤出评价指标体系。其次，选择旅游劳务移民挤出效应测度方法，以大研古城为研究对象，采用熵值法来计算权重，通过 TOPSIS（technique for order preference by similarity to an ideal solution）评价模型来计算空间挤出和功能挤出效应值。最后，分析旅游劳务移民挤出效应测度结果，得出大研古城旅游劳务移民空间挤出效应值在 0.5 左右波动，呈现“先下降，后上升”的正 U 形趋势；功能挤出效应普遍高于空间挤出，呈现“先上升，后下降”的倒 U 形趋势；在此基础上，分析挤出效应影响因素，包括生活成本过高、工作岗位不足、社区服务滞后和文化引力匮乏等。

六、调控旅游劳务移民挤出效应

首先，针对生活成本过高情况，提出降低生活成本，减少资本挤出，可采用规范流转市场、发展地摊经济和开辟环绕市场等措施。其次，针对工作岗位不足情况，提出增加工作岗位，抑制成本挤出，可采用落实招工制度、鼓励自主创业和开发公益岗位等措施。再次，针对社区服务滞后情况，提出改善社区服务，调控跟随挤出，可采用推进租住同责、提升服务水平和激发社区活力等措施。最后，针对文化引力匮乏情况，提出提升文化引力，避免孤立挤出，主要可采用活化文化庭院、强化文化创新和深化文化内涵等措施。

作　者

2023 年 6 月 10 日

目　录

第一章 绪 论

本章旨在提出研究问题和进行研究设计。首先，本章从国内外人口流动发展实践中提炼研究问题，分析其理论和实践意义；其次，本章系统梳理国内外与旅游劳动力迁移相关的文献，归纳现有研究存在的不足以及进一步研究的价值，从相关文献述评中确定研究选题；最后，本章阐明研究总体构思和方案设计，包括选点依据与资料来源、研究目标与研究方法以及技术路线与内容框架。

一、选题背景与研究意义

（一）选题背景

1. 劳务移民：全球移民浪潮中的重要趋势

劳务移民正成为全球移民浪潮中的重要趋势。根据联合国经济及社会理事会（United Nations Economic and Social Council）统计数据，2019 年，全球范围内有 2.72 亿国际人口迁移，占世界人口总数的 3.5%，与 2000 年 1.74 亿人相比，年均增长 2.38%，其中增长最快的为劳务移民①。根据国际劳工组织的报告，1995 年全球劳务移民总数为 3 600 万~4 200 万人，2017 年已上升至 1.64 亿人，约占当年度全球国际移民总数（2.58 亿人）的 64%[1]。同样，中国流动人口数量从 1982 年的 657 万人增加到 2020 年的 3.76 亿人②，平均每 5 个人中就有一个是流动人口，其中大部分为劳务移民。然而，伴随中国人口城镇化已于 2011 年历史性跨越 50%的门槛，劳务移民的规模和增速开始有所下调。国家卫生健康委员会发布的《中国流动人口发展报告 2018》显示，相

① 资料来源：https://news.un.org/zh/story/2019/09/1041612.

② 资料来源：第七次全国人口普查公报.

对于 2015 年，2016 年全国流动人口总数减少了 171 万人，2017 年继续减少了 82 万人①。尤其从近些年的情况来看，劳务移民更加具有多样化的特点，不再局限于乡城迁移、中小城市到大城市，而出现了包含多种迁移形式的旅游劳务移民现象。

2. 旅游劳务移民：旅游业发展中的“逆流”现象

旅游劳务移民是我国经济高质量发展过程中相伴而生的重要社会现象，也是目前城镇化建设面临的重要话题[2]。当前学术界的主要观点认为，旅游劳务移民主要受到经济、就业和生活等因素的影响，其初始动力来自对经济收入和发展机会的追求等[3]。但值得注意的是，在经济因素之外，劳务移民可能受到环境、职业等非经济因素的影响。尤其是从中国移民结构来看，虽然从农村到城市依旧是主体，但城市到城市、城市到农村的流动正在持续增加，旅游劳务移民态势正在从改革开放初期单向流入城市转变为多元化迁移[4]。在多元化迁移背景下，人们迄今最为关注的问题依旧是迁移规模和结构的变化，极少有研究关注到劳务移民在方向和区域等方面的变化。旅游劳务移民问题不是单方向的农村到城市流动，也包含从大城市到中小城市、从城市到农村的“逆流”[5]，具有迁移上的复杂性。现有劳务移民理论和人口转变理论已不足以对其进行充分解释，亟须在深入调研的基础上，弥补移民研究理论上的不足。

3. 挤出效应：旅游劳务移民的负向影响

随着我国旅游产业的不断发展，许多旅游目的地需要从其他地区引入外来经营户，聘用工作人员，以丰富旅游产品业态，激发市场活力，缓解劳动力的数量和结构短缺[6]。在旅游地开发阶段，由于大量旅游者前来，旅游地接待人员严重不足，鉴于旅游行业门槛低的特点，需要一批外地基层服务人员，这是旅游劳务移民的初级形态；后在旅游业迅速发展的背景下，旅游地客流量大幅增加，消费需求进一步扩大，产生更多的投资经商机会，吸引了很多外地经商之人前来寻求发展机会，这是旅游劳务移民发展的中级形态；最后，很多外地劳务人口旅游来到旅游地，被旅游环境或旅游职业所吸引，选择在旅游地“边生活边工作”，这是目前最为流行的旅游劳务移民模式。

近年来，旅游劳务移民对迁入地的影响不断显现，这一现象客观上推动了旅游地社会经济迅速发展，带动了旅游地的城镇化建设。然而，近年旅游目的地的发展实践也表明，旅游劳工移民对迁入地的影响是复杂和多样的，在为迁入地创造价值、推动发展的同时也带来了各种发展挑战[6]。为了有效调控和应对旅游劳

① 资料来源：http://www.gov.cn/xinwen/2018-12/25/content_5352172.htm.

务移民给迁入地带来的负面影响，需要系统地分析旅游劳务移民的基本概念、形成规律、效应测度和调控路径等问题。

（二）研究意义

1. 理论意义

本书以人口迁移相关理论、劳动力迁移相关理论和旅游发展相关理论为指导，在前人研究的基础上，系统研究旅游劳务移民问题，对旅游劳务移民的概念、特征、类型、分布、演化及其表现形式进行理论研究，并着重对行为特征、形成原因进行探究。在此基础上，分析旅游劳务移民挤出效应形成机理，继而对挤出效应进行测度，并提出针对性对策以调控旅游劳务移民挤出效应的影响。这有助于形成对旅游劳务移民问题的规律性认识，以丰富现有移民理论，深化旅游城镇化和乡村振兴相关理论。

2. 实践意义

本书以丽江市古城区大研古城作为案例地，通过实地调查访谈并收集整理相关数据资料，对旅游劳务移民的行为特征、形成原因及其挤出效应进行深入探讨。一方面，可以对旅游劳务移民的形成和发展有清晰的认识，有助于深化对旅游劳务移民的认知，加强以县域为重要载体的新型城镇化建设。另一方面，有助于客观了解和掌握旅游劳务移民的发展状态和具体影响，为管理者解决问题、制定政策提供科学依据。

二、研究现状与文献评述

旅游劳务移民研究是旅游移民研究的一项重要内容，在国际学术界被当作流动性研究的重点对象。旅游劳务移民在国际上的研究最早起源于对旅游移民的关注。1999年10月，国际地理联合会举行了以“可持续的农村环境：全球化、移民和旅游”为主题的会议，旨在推动国际旅游移民的研究[7]。国内研究最早由杨钊于 2005 年引入，现有研究包括旅游劳务移民、旅游消费移民等内容[8]。相关研究主要集中于旅游移民研究和旅游劳务移民研究。

（一）旅游移民研究

国内外旅游移民研究最早源于 20 世纪 70 年代末 80 年代初，研究理论相对成熟[9]。由于旅游移民理论涉及行为理论、发生论和社会影响研究[10]，现有旅游移民主要研究可以概括为内涵界定、形成原因和影响效应三个方面。

1. 内涵界定

由于旅游移民具有类型多样、界限模糊的特点，故对概念界定、类型划分和主要特征等内涵认识尚未形成统一的意见[9]。在概念界定上，国外尚未形成旅游移民概念，仅部分学者对其进行构成界定。例如，Rodriguez 认为旅游移民应包括四个特征：①形成了一定的移民群体；②各群体有不同的移民行为方式；③有明确的旅游动机；④构成一定的区域影响[11]。国内较为公认的概念为杨钊的概念。杨钊指出，与传统移民“永久性定居”不同，旅游移民只能长期定居下来，并在“永久性”不作为移民必要特性认识的基础上，将旅游移民定义为“由于过去旅游经历和出于休闲目的，或由于旅游产业发展的需要而引起外来人员在旅游地工作或居住行为发生的移民”[8]。在类型划分上，旅游移民主要包含迁移目的、经济社会因素和旅游定居时间三种划分方法[9]。Williams 和 Hall 根据经济社会因素将旅游移民划分为旅游生产型移民、旅游消费型移民[12]；Bell 和 Ward 依据旅游定居时间，将旅游移民划分为永久型、临时型、季节型、返回型四种移民类型[13]；国内学者张业臣等认为，旅游移民包括低技能劳工移民、管理层劳工移民、旅游小企业主移民、生活方式移民及退休移民等[14]。总的来说，旅游移民可划分为旅游劳务移民和旅游消费移民两大类，与杨钊的划分基本一致[10]。在主要特征上，杨钊认为旅游移民与旅游的区别主要在于两点：一是时间上的差异，旅游移民具有长期稳定的居住行为；二是动机上的差异，旅游移民的动机不排除寻找工作[10]。

2. 形成原因

旅游移民形成原因研究主要包括宏观因素和微观因素两个层面。

在宏观因素上，影响力较大的为 Williams 和 Hall 的研究。Williams 和 Hall 认为旅游移民的宏观动因包括以劳动力市场变化、人口老龄化、工作条件改善、退休生活延长、工作环境、通信和交通条件为主的社会经济因素和大众旅游兴起、旅游市场全球化和旅游资本全球化等旅游因素[7]。

在微观因素上，研究者更关注旅游移民迁移的微观驱动力。Walker 和 Brown 将这些微观驱动力概括为推力因素和拉力因素[15]。从推力因素来看，旅游移民的迁移动机包括“找到一份工作”、“作为职业避风港”和“个人的社会文化责任感”等。King 等研究发现，瑞士的旅游移民是为了获得更高的收入和地位[16]；Vaugeois 和 Rollins 研究发现一些旅游移民是由于旅游业门槛低而在失业之后涌入旅游行业，将其作为“避风港”[17]；Getz 和 Carlsen 研究发现乡村旅游中旅游移民的主要动机是照顾家人以及追求更加舒适的工作生活方式[18]。从拉力因素来看，逃离城市环境、追求更舒适的生活和追求自由等是重要的驱动力。Rodriguez 等研究发现西班牙海滨旅游地的宜人气候是旅游移民决定迁移的关键[19]；Moon[20]、Williams 等[21]认为过往的旅游经历是影响旅游移民的重要因素；Turismo 研究发现通过有意识地强化“度假”和“宜人气候”形象将西班牙与阳光、沙滩和良好的自然、社会、文化环境联系在一起可以增强游客再次返回西班牙定居的愿望[22]。

此外，国内学者也对旅游移民驱动因素进行了研究。例如，杨钊等对九华山、九寨沟和黄山汤口的微观驱动力进行研究[23, 24]；韩宸辰、张业臣基于社区场域理论的旅游移民社会融合过程进行了研究[25]；阿荣娜和孙九霞从异化与共鸣角度对旅游移民地理流动的深层动力机制进行了研究[26]。

3. *影响效应*

旅游移民影响效应研究主要集中于对旅游地、社会融合和探亲访友旅游的影响[10]。在对旅游地的影响上，主要包括过度拥挤、优化发展、平抑淡旺季和边缘化等。国外 Rowles 和 Watkins、Joppe 认为旅游移民可能会产生过度拥挤、环境破坏和社会政治冲突[27, 28]；Kearsley 认为旅游移民可能会对旅游地生命周期的调整产生重要作用[29]；Rodriguez 认为旅游移民可以提升旅游设施利用率，平抑淡旺季的影响[11]。国内学者饶勇发现海南的精英劳动力进入当地社会后，致使当地社区居民就业不断边缘化[30]；田里等认为旅游移民会对旅游地经济、环境、社会、文化和管理等方面产生影响[6]。在社会融合上，O’Reilly 认为旅游移民会影响本地居民的正常生活，并形成一个不与当地沟通且具有相同价值观的定居者交往的“平行社会”现象[31]；Sheller 通过对加勒比海的外来移民研究发现，旅游移民会削弱政治主权和公民权利，破坏社会融合[32]。在探亲访友旅游上，Rodriguez 认为旅游移民可增加迁出地与迁入地之间的联系，从而提升旅游地的吸引力，推动探亲访友旅游[11]；Dwyer 等通过实证得出移民会推动探亲访友旅游发展[33]。

（二）旅游劳务移民研究

旅游劳务移民研究是旅游移民研究的重点，是劳务移民研究在旅游领域的体现。旅游劳务移民是一种新的移民形式，也被称为“旅游劳工移民”[34]。由于两者研究对象相同，下文不做区分，均以旅游劳务移民表达。旅游劳务移民相关研究主要集中于概念界定、类型划分、主要特点、行为特征、形成原因和影响效应六个方面。

1. 概念界定

旅游劳务移民的概念研究方面，目前已积累了一定数量的研究成果。国外学者当中，Burkart和Medlik认为旅游劳务移民具有以下三点特征：一是住宅正规；二是旅游与劳务结合；三是有定期或不定期的返乡意图[35]。Szivas等认为旅游劳务移民是为了满足自身对更好生活方式的追求，自愿主动地离开原有居住地，迁移到风景秀丽的旅游地居住并工作的群体[36]；Lundmark认为旅游劳务移民是指在大众旅游发展到一定规模时，旅游地劳动力数量不足和结构失衡所引起的劳动力迁移现象[37]。上述定义表明，旅游劳务移民既是一类群体，又是一个过程。

国内学者方面，杨钊和陆林则将旅游劳务移民定义为“由于区域旅游产业的发展，本地旅游劳工出现数量或结构上的不足而引起的旅游地以外劳工迁入并在旅游行业从业超过一定期限的移民”[10，38]。该定义指出了旅游劳务移民所具备的三个重要特征：一是迁移空间在旅游地以外；二是迁移时间超过一定期限；三是迁移工作为旅游行业[39]。值得注意的是，该定义为很多学者所接受[40，41]，后来的定义大多围绕该思路展开。例如，李志鹏认为旅游劳务移民是指由于工作原因长期在旅游地从事与旅游行业直接或间接相关工作的非旅游地人员[42]；陈璐认为旅游劳务移民是指旅游地以外的劳工迁入旅游地并从事旅游行业超过6个月的有定居或长期居住行为的移民群体[43]。同时，从旅游劳务移民是一个过程的视角出发，曾丽艳提出旅游从业者流入的概念，并将之定义为，旅游地以外的劳动者进行地理上的迁移，到该地从事旅游职业，或是本地劳动者进行职业转换以从事旅游职业的现象[44]。

从操作性定义的视角出发，崔芳芳和徐红罡将旅游劳务移民定义为在户口所在地之外（跨越县市范围）的旅游地，从事旅游行业超过一定期限（离开户口所在地6个月以上），并存在定居或长期居住行为的外来人口群体[45]。此外，还有部分学者从旅游地理学角度对定义进行探讨。黎慧和苏勤从旅游地理学视角得出，旅游劳务移民是指由于旅游地获得快速发展，本地居民人口供应不能满足旅游及相关产业的发展要求，导致旅游地劳务人口存在一定程度的季节性短缺或长久性短缺，从而产生了外地居民迁入旅游地的现象[9]。综合以上定义可知，目前的旅游劳务移民的定义强调过程与群体分开，存在“群体认同多，过程认同少”的问题。

2. 类型划分

旅游劳务移民类型划分已有多种划分方法，主要划分标准有职业地位、职业角色、流动方向和职业特点等。根据职业地位不同，King 将旅游劳务移民划分为三种类型：第一种类型是较高等职位，包括旅游企业主和拥有高技能的管理职位的人员；第二种类型是中间职位，包括旅行社代理人及导游；第三种类型是普通职位，通常是没有技能的工人[46]。根据职业角色不同，Edensor 将旅游劳务移民划分为两种类型：旅游雇主和旅游雇员[47]。杨钊和陆林也将旅游劳务移民划分为企业主迁移和雇员迁移[10]。根据流动方向不同，曾丽艳从旅游从业者流入角度将旅游劳务移民划分为地域流动型、职业流动型和双重流动型三种类型[44]。其中，地域流动型旅游劳务移民是旅游劳动者发生空间位置上的转移的现象；职业流动型旅游劳务移民是旅游劳动者发生具体职业的转移的现象；双重流动型旅游劳务移民是旅游劳动者既发生空间位置上的转移，又发生具体职业上的转移。根据职业特点不同，崔芳芳和徐红罡将旅游劳务移民进一步细分为大中型旅游企业管理层、生活方式型旅游企业主、个体小生意经营者和旅游雇员四种主要类型[45]。

3. 主要特点

旅游劳务移民的主要特点集中于对时间、空间和动机等角度的限定。国外学者 Williams 和 Hall 从时间、空间和动机三个角度得出旅游劳务移民具有时间上的长期性、空间上的异地性和动机上的经济性[12]。杨钊和陆林从时间、空间和职业三个角度限定得出旅游劳务移民具有长期性、异地性和职业性。其中，长期性是指必须在旅游地有一定的定居时间；异地性是指必须来自旅游地之外；职业性是指以旅游职业为其主要生活来源[10]。李志鹏从价值、空间和时间上限定得出旅游劳务移民具有能够直接或间接为旅游产业创造生产价值、空间上来自旅游地以外地区的流动性以及符合旅游地长期居住、生产和生活条件的长期性三个特征[42]。从以上特点可以发现，学者们对旅游劳务移民特点的认知均包含对时间和空间的限定，但对其他限定存在争议。

4. 行为特征

旅游劳务移民行为特征研究主要包括职业分布、社会交往、生活状态和旅游行为。在职业分布上，主要体现为职业区分明显。Eaton 指出旅游劳务移民存在职业分布特征，在经济较为发达的旅游地，由于旅游地的淡旺季特征以及双重劳动力市场作用，本地居民不愿意从事相对简单的旅游工作，从而迁入大量外地旅游劳务人口[48]；与之相反，Hall 和 Page 在研究太平洋一些度假岛屿发现，本地居民从事着一些简单的旅游服务工作，而外地劳务工作者通常从事管理层级的工作[49]。在社会交往上，主要体现在"圈子文化"的形成。国外学者 O'Reilly 在对西班牙的英国移民进行研究时，发现当地形成了"小英国"圈子[31]；Eaton 和 Gustafson 的研究也有类似的发现[48, 50]。国内学者张倩帆在对大理古城进行研究时，发现旅游劳务移民内部出现了以自身为核心的同质性群体[51]；马少吟和徐红罡进一步证实得出，"圈子"基于共同的兴趣爱好和价值观，参与者主要为外地人[52]。在生活状态上，主要体现为生活与工作的平衡。Henderson 指出旅游劳务移民拥有更多的休闲时间，可以平衡工作与休闲时间[53]；张倩帆、马少吟和徐红罡均指出生活方式型企业主移民在生活状态上体现为工作与生活的结合[51, 52]。在旅游行为上，主要体现在淡季出游。李艳凝和徐红罡在对拉萨外地自主经营者移民进行研究时得出，该群体旅游季节从事经营，冬季离开出游，前往非大众旅游区[54]；张倩帆、马少吟和徐红罡在对大理古城的生活方式型企业主移民进行研究时也得出相似结论[51, 52]。

5. 形成原因

对于旅游劳务移民形成原因的研究，学者们主要从迁出地因素、迁入地因素和移民个体因素三个视角进行分析。

从迁出地因素的视角出发，Gossling 和 Schulz 通过对坦桑尼亚旅游劳务移民的研究得出，迁出地的经济滞后、人口密度过高、低收入和劳动力过剩是旅游劳务移民现象重要的驱动因素[55]；Osbaldiston 也指出大城市社区的诚信缺失和倒退、物质主义、不安全、快节奏、激烈竞争和世俗化等因素均会形成旅游劳务移民的推力[56]。Williams 和 Hall 指出劳动力市场、信息和通信技术的发展对旅游就业有重要的影响，有利于迁出地与其他地区的沟通，从而增加了迁出地的劳动流动性[12]。Konan 则通过在夏威夷开展的研究得出，劳动力市场会限制实际旅游者消费的增长，从而阻碍旅游劳务移民[57]。

迁入地方面的影响因素则包括工作条件、气候、生活环境和工作收益等。Szivas 和 Riley 指出旅游业能够为失业人员提供避风港，从而吸引旅游劳务移民[58]；他们随后又具体指出，旅游业工作的自主性成为吸引旅游劳务移民的重要因素[36]；Stone 和 Stubbs 指出气候和风景的舒适是决策的重要因素[59]；Gil-Pareja 等认为大使馆及领事馆的积极态度影响旅游跨国迁移的数量[60]；Benson 研究发现旅游地能够提供的优美生活环境是驱动旅游劳务移民的主要因素[61]；马少吟和徐红罡在对生活方式型企业主移民进行研究时指出大理古城的气候、自然环境、慢节奏以及较为完善的生活设施、较低的生活成本、包容性文化等成为吸引旅游劳务移民的重要因素[52]；杨钊和陆林通过对旅游劳工转移比较发现，其转移模式与区域经济背景、劳工市场结构、职业地位及收益等因素密切相关[62]；后通过对九寨沟旅游劳工迁移的微观驱动力进行分析得出，初始期旅游劳工迁入受职业收益、职业特性、旅游地吸引、社会资本和生活方式五种动力的影响，职业收益居首位，旅游地吸引其次，后继居留则受职业收益、职业特性、旅游地吸引和社会资本四种动力驱动，旅游地吸引居首位；随后，杨钊和程豪又通过自然观光地旅游企业主移民定居情况调查，发现经营收益情况是旅游劳务移民的主要影响因素[63]；姜辽和李甜甜从存在主义角度对旅游移民原因进行分析，得出地理空间邻近性、就业机会和宏观经济背景是该现象发生的前提，文化传统、亲人关系和乡缘关系是其直接原因[64]。此外，崔芳芳和徐红罡借助“推-拉”理论从原驻地因素、迁入地因素、中间障碍和个人因素四个方面构建了西递旅游劳工移民的动力机制，对西递旅游劳务移民的动因进行理论解释，得出与受经济因素影响的其他三种旅游劳工不同，生活方式型旅游企业主的迁移行为更多源于旅游地环境吸引[45]。

在移民个体因素层面，情绪、工作满意度和地方依恋等因素是研究重点。Irimias 和 Michalko 在对酒店行业进行研究时得出，旅游劳务移民的情绪反应对其社会交往和工作效率均会产生影响[65]；Kim 等研究得出好客型移民生活满意度较高，倾向于在岗位上停留更多时间和长期居住[66]；Thulemark 研究发现个人以及所在群体的地方依恋是影响旅游劳务移民的重要因素[67]；方德敏和杨钊通过地方感对自然观光地旅游企业主移民的原因进行分析，发现旅游劳务人员具有更大程度的地方依恋和文化认同[68]；王舒媛和白凯发现典型城市民族旅游社区西安回坊旅游劳务移民的主要驱动力主要来自宗教依恋、物质依恋和社交依恋[69]；杨钊和程豪发现与国外追求“更好生活方式”不同，中国旅游劳务移民更偏重生产性因素[23]；聂媛和杨钊通过对自然观光地旅游劳工从业特征与空间分布的性别差异进行研究，得出性别、职业均会对旅游劳务移民产生影响[70]。

6. 影响效应

已有的旅游劳务移民影响研究，主要集中在对迁入地的经济、社会和环境层面。在经济影响层面，主要体现为乘数效应、联动效应，也会出现人力资源管理、消费减少等问题。Montanari 和 Cortese 认为旅游劳务移民对旅游地劳动力市场的影响主要体现在三点：一是填补本地旅游劳动力的总量；二是减少本地旅游劳动力压力；三是有利于劳动力市场细分化发展[71]。Stone 和 Stubbs 研究发现旅游劳务移民对当地经济乘数效应主要体现在三点：一是有利于乡村复苏，促进生产；二是有利于通过外来人口的消费和投资来提高收入；三是可产生大量的探亲访友旅游，带动旅游业复兴[59]。Baum 提出旅游劳务移民的增加会带来异地人力资源管理问题[72]。Konan 用量化模型证明，旅游劳务迁移对迁入地的作用可能并不明显，也可能制约游客消费的增长。在社会影响层面，主要体现为排挤、审美退化等[57]。Gossling 和 Schulz 通过研究表明，旅游劳务移民自身所具有的以快乐、消费为主导的文化对以原始宗教、亲属关系为主导的本土文化形成冲击，从而导致社会不稳定和环境破坏[55]。Costello 研究发现旅游劳务移民会导致房价上涨，经济适用房减少，本地居民被排挤，影响住房选择[73]；Osbaldiston 发现旅游劳务移民会导致旅游地中产阶级化，从而引发社会不平等、审美退化等问题[56]；饶勇研究发现旅游劳务移民会对旅游地产生排挤，致使当地社区居民就业边缘化[30]。在环境影响层面，主要体现为拥挤效应、环境破坏等。O'Reilly 认为旅游劳务移民的增加会使旅游地变得更加拥挤，从而导致污染越来越严重、交通拥堵、房价上涨[31]。

（三）相关研究文献评述

通过对旅游移民和旅游劳务移民研究文献的梳理，结合丽江市古城区大研古城实地调查结果可知，目前旅游劳务移民研究存在以下三个问题。

1. 概念理论研究不充分

旅游劳务移民理论认识研究不充分，主要体现在概念界定分歧较大、类型划分不够系统、特征认识尚不全面等方面。首先，旅游劳务移民理论认识存在争议。在概念界定上，目前多数学者将旅游劳务移民看作旅游目的地居民的一类重要构成群体，并试图从空间、时间和动机三个方面对其进行概念界定[34]。然而，旅游劳务移民不仅仅是一类群体，也是一种劳动力迁移现象[37]，还是由于旅游发展而产生的一种劳动力迁移过程。因此，在概念界定方面需要更加全面地归纳和概括旅游劳务移民现象的内涵。此外，在类型划分上，旅游劳务移民有若干划分方法，但这些划分方式主要侧重于旅游劳务移民群体自身的属性和特征，没有考虑到迁入动机、迁出地类型等具有理论意义和操作价值的划分方式。并且，对旅游劳务移民行为特征认识还不全面，目前研究主要集中于职业分布、社会交往、生活状态和旅游行为方面，但缺少对迁移目的、居留时长等方面特征的考虑，对其迁移特征的关注较少。

2. 形成原因研究不完善

旅游劳务移民形成原因研究不完善，主要体现在分析框架不完善和分析方法不完善两方面。从分析框架来看，成因分析存在宏观因素和微观因素、推力因素和拉力因素两个主要分析框架，也包括原驻地因素、迁入地因素、中间障碍和个人因素的分析框架[45]，但现有研究尚没有从旅游地角度对旅游劳务移民迁移成因进行分析，对旅游目的地吸引和管理旅游劳务移民的指导作用不强，存在一定的不完善。从研究方法来看，大部分学者采用深度访谈[38]、比较分析[74]、参与观察[45]、非参与式观察[52]及个案分析[75]等定性分析方法，以及半结构式访谈[76]、结构式问卷调查[77]、回归分析[78]、因子分析和方差分析[44, 76]、结构方程模型[69]等实证分析方法对旅游劳务移民迁移成因进行研究，但仍缺少定性与定量结合的方法，对混合方法关注较少，存在一定的不完善。

3. 挤出效应存在空白点

根据对相关文献梳理，部分学者已经认识到旅游劳务移民存在挤出效应，但相关研究依旧不完善。从研究内容来看，Costello研究发现旅游劳务移民会对本地居民产生排挤作用[73]，但未进一步深入；饶勇发现海南精英劳动力进入当地社会后，致使当地社区居民就业不断边缘化[79]，也是对挤出效应的有益探索，但未继续深入。由此可以发现，旅游劳务移民存在挤出效应，但相关研究的深入仍处于空白状态。从研究案例看，目前研究主要包括九华山[8, 38, 62, 80]、大理古城[41, 52, 81]、丽江大研古城[40, 77, 78, 82]、西递古村[45]、九寨沟[68, 76, 83]、宁夏镇北堡镇[84]、海南三亚[30]、四川泸沽湖景区[75]、周庄古镇[64]、西安回坊[69, 85, 86]和安徽黄山[23, 39]等案例地，这些案例地或多或少会出现挤出现象，但仍没有引起相关学者足够的关注。

综上所述，旅游劳务移民存在“理论认识研究不充分、迁移成因研究不完善和挤出效应存在空白点”的问题，仍在理论认识、形成原因和挤出效应等方面存在不足。因此，对旅游劳务移民的基本理论、行为特征、形成原因及其挤出效应的研究十分重要，不仅有利于补充完善现有旅游劳务移民理论中的不足之处，加深对旅游劳务移民的认识，而且对旅游劳务移民影响效应理论的发展具有重要的理论意义。

三、选点依据与资料来源

（一）选点依据

本书选择丽江市古城区大研古城作为案例地，主要原因有以下几个方面。

一是古城本身最具典型性和代表性。在目前的研究案例中，大研古城是旅游劳务移民比例较高的旅游地，也是旅游劳务移民问题较为集中的旅游地。根据丽江古城保护管理局估计，古城旅游劳务移民所占比重为80%以上；另外，旅游劳务移民对古城的影响也最为显著，不仅为丽江20多年的繁荣做出了贡献，也带来了很多现实问题，如本地居民减少、传统文化空间挤压和社区零散化等。

二是古城具有研究上的可行性和可测性。大研古城是旅游劳务移民研究热点区域之一，也是旅游劳务移民的重点区域之一，已有多位学者对其进行研究[40, 77, 78, 82]，故具有研究上的可行性。大研古城作为世界文化遗产，具有良好的调研基础，相关数据相对较为完备，其结果有望推广到其他旅游地。

三是古城具有现实上的可能性和可操作性。2020 年初新冠疫情暴发，旅游活动遭受巨大打击。大研古城位于云南省内，可在遵守防疫相关规定下开展调研，具有获取相关数据上的便利性。同时，大研古城又是最早一批恢复旅游活动的旅游地，很多旅游劳务移民选择留在古城，没有返回家乡，具有调研上的可行性。

（二）资料来源

本书资料来源主要有三方面。一是统计数据。统计数据来源于丽江市公安局古城分局和丽江古城保护管理局等部门，主要为人口及其变动情况、暂住人口管理统计、迁入迁出人口情况和古城内经营户情况等数据，数据真实可靠。二是调查数据。调查数据主要通过旅游劳务移民现状调查问卷和旅游劳务移民影响感知调查问卷进行调查。为保证调查数据的真实可靠，尽可能了解旅游劳务移民情况，旅游劳务移民现状调查抽取丽江大研古城内经营户从业人员的十分之一（2020 年由于疫情，大概有 6 670 人恢复从业）进行调查，共收集 660 份数据。三是访谈数据。共收集 33 份访谈数据，经过多种数据验证和筛选，共选取 20 份访谈数据进行使用。详见附录 B。

四、研究目标与研究方法

（一）研究目标

本书的目的是探究旅游劳务移民及其挤出效应，科学认识该现象及其挤出效应，提出旅游劳务移民治理建议，具体包括以下几个方面。

1. 构建旅游劳务移民理论

旅游劳务移民理论是认识现象的基础，解决的是“旅游劳务移民是什么”的问题，对概念、特征和类型等内容进行探讨，有助于明确认识旅游劳务移民的内涵和外延，同时在此基础上，对发展演化、表现形式进行探讨，以明确该现象的基本内容，为下文研究奠定理论基础。

2. 分析旅游劳务移民状况

旅游劳务移民与现实情况密切相关，涉及的是“旅游劳务移民怎么样”的问题，包含人口、人数和职业等众多内容，对其状况进行分析可将理论与实践结合起来，对旅游劳务移民情况有基本认识，加深对理论的理解，形成对旅游劳务移民的人群画像，为下文继续深入探讨奠定现实基础。

3. 解析旅游劳务移民成因

旅游劳务移民成因是科学认识现象的延伸，解决的是“旅游劳务移民为什么会产生”的问题，通过对旅游劳务移民迁入意愿和迁出意愿的分析，可有效识别旅游劳务移民的成因，加深对旅游劳务移民的认识，为科学管理旅游劳务移民规模提供理论支撑。

4. 探析旅游劳务移民挤出效应

探析旅游劳务移民挤出效应是为了科学解释旅游劳务移民挤出效应的影响过程，解决的是“旅游劳务移民挤出效应形成机制”问题，通过对旅游劳务移民挤出效应内涵、表现和特征的分析，认识旅游劳务移民对旅游地的挤出效应。

5. 测度旅游劳务移民挤出效应

旅游劳务移民挤出效应评估是为了科学认识挤出效应的影响程度，解决的是“旅游劳务移民挤出效应影响有多大”的问题，通过对旅游劳务移民挤出效应的评估，了解旅游劳务移民挤出效应的影响情况，建立评估模型，评估影响大小，从而为科学治理旅游劳务移民挤出效应提供依据。

6. 调控旅游劳务移民挤出效应

旅游劳务移民挤出效应调控是科学管理挤出效应现象的途径，解决的是“旅游劳务移民挤出效应影响调控”的问题，结合旅游劳务移民挤出效应评估结果，提出针对性的政策建议，帮助调控旅游劳务移民负面影响，推动旅游地旅游劳务移民问题的有效解决。

（二）研究方法

基于旅游劳务移民的特点，结合研究目的和研究要求，主要采用定性分析方法、定量统计分析和混合研究方法三种研究方法。

1. 定性分析方法

定性分析方法主要是采用对一手资料、二手资料的定性分析来实现。通过问卷调查、半结构化访谈和参与性观察获得的一手资料进行分析，并结合相关文献的研究成果，以准确界定旅游劳务移民这一现象，形成对旅游劳务移民的理论认识，了解旅游劳务移民的状况、成因和影响，为整个研究奠定基础。

2. 定量统计分析

定量统计分析主要是通过计量的方式对相关问题进行分析，可应用到对具体事物的评估当中，已在统计研究中多有发展，可采用熵值法、TOPSIS 模型等以及 SPSS、STATA 等软件，建立旅游劳务移民影响测度模型，对旅游劳务移民影响进行评估，并通过实证得出旅游劳务移民影响评价结果。

3. 混合研究方法

混合研究方法是定性与定量结合的一种研究方法。混合研究方法是一种超越定性和定量研究的新方法，可将定性数据定量化地研究，并进行组态研究，已在社会科学领域得到广泛应用，可以将实地调研获得的半结构化访谈数据进行定量分析，以判断解释变量和结果变量之间的关系。在对旅游劳务移民成因研究中，构建旅游劳务移民形成机制，采用混合研究方法，以便形成更为科学的认识。

五、技术路线与内容框架

（一）技术路线

本书技术路线图见图 1-1。

（二）内容框架

本书按照“基本理论—行为特征—形成原因—挤出效应理论—挤出效应测度—挤出效应调控”的思路，以期全面透彻地认识旅游劳务移民及其挤出效应，全书内容主要包括以下几个方面。

第一章，绪论。该章从国内外发展实践和理论研究中提炼研究问题，并分析

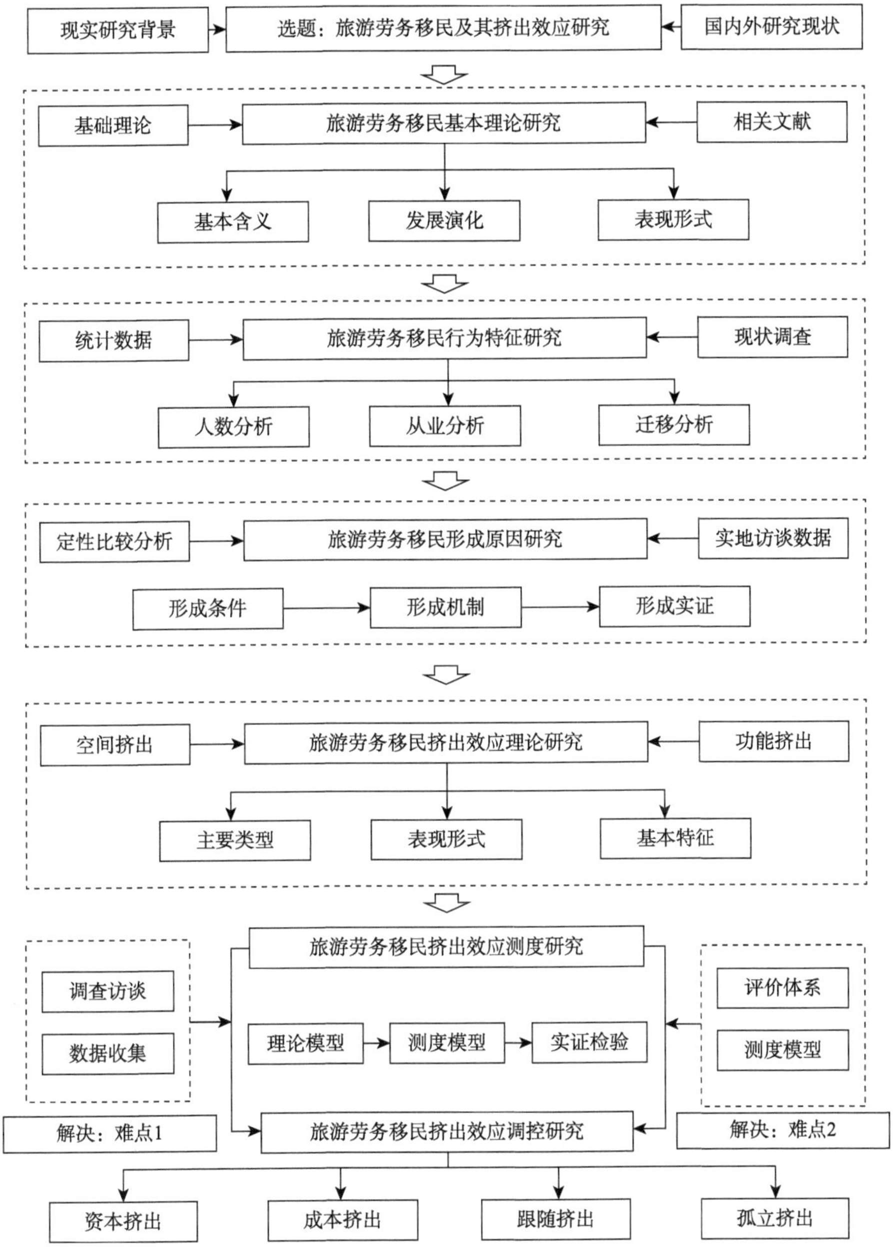

图 1-1　本书技术路线图

其研究意义。该章系统回顾国内外相关文献，指出了现有研究的不足和进一步深入研究的价值；阐述本书的总体构思和方案设计，主要包括选点依据与资料来源、研究目标与研究方法、技术路线与内容框架。

第二章，相关基础理论。该章根据国内外相关文献，结合旅游劳务移民研究，对人口迁移相关理论、劳动力迁移相关理论和旅游发展理论等进行梳理，并结合研究进行应用分析，为第三章研究奠定理论基础。

第三章，旅游劳务移民基本理论。该章对旅游劳务移民进行概念界定、特征分析和类型划分，得出旅游劳务移民分布形态；结合旅游地生命周期理论，对旅游劳务移民发展演化进行分析，并对旅游劳务移民的表现形式进行分析，为第四章进一步开展状况、成因和影响等研究提供理论基础。

第四章，旅游劳务移民行为特征。该章对 660 位调查对象进行人口学分析，了解古城外地旅游劳务人口和旅游劳务移民的现状；结合统计数据，对旅游劳务移民的总体状况进行分析；对旅游劳务移民的经营情况进行分析；结合旅游劳务移民的调研情况，对旅游劳务移民的空间迁移和社会迁移特征进行分析。

第五章，旅游劳务移民形成原因。该章根据相关文献，对旅游劳务移民形成条件进行梳理，构建旅游劳务移民形成影响因素研究模型，根据清晰集定性比较分析法（qualitative comparative analysis，QCA），收集并整理相关案例数据，将数据导入软件，进行单条件变量、条件变量组合分析等，以得到旅游劳务移民意愿影响因素。

第六章，旅游劳务移民挤出效应。该章对旅游劳务移民挤出效应形成机理进行构建并解释，分析旅游劳务移民挤出效应形成的主线逻辑、副线逻辑和逆线逻辑；认识旅游劳务移民的挤出效应的主要类型；对旅游劳务移民挤出效应表现进行分析，认识空间挤出和功能挤出；对旅游劳务移民挤出效应特征进行分析。

第七章，旅游劳务移民挤出效应测度。该章结合旅游劳务移民的现状，构建旅游劳务移民挤出效应概念模型，根据 PSR 框架，构建 PSR 空间挤出概念模型和 PSR 功能挤出概念模型；构建旅游劳务移民挤出效应测度模型，选择权重计算和综合评价方法进行构建；分析旅游劳务移民挤出效应测度结果，对影响进行评估，并分析影响因素。

第八章，旅游劳务移民挤出效应调控。该章根据旅游劳务移民挤出效应影响，提出针对性建议。该章针对生活成本过高情况，提出减少资本挤出的建议；针对工作岗位不足情况，提出抑制成本挤出的建议；针对社区服务滞后情况，提出调控跟随挤出的建议；针对文化引力匮乏情况，提出避免孤立挤出的建议。

第九章，结论与展望。该章在对研究结论进行梳理的基础上，对全书的核心结论进行总结和提炼，通过对所涉及的内容进行分析，进一步总结本书的主要创新点和研究不足，并对未来旅游劳务移民研究进行展望。

第二章　相关基础理论

本章旨在对旅游劳务移民的相关理论进行梳理和介绍。首先，对人口迁移相关理论进行梳理，包括迁移早期理论、“推–拉”理论、预期收入理论和“双流动”理论；其次，梳理了与劳动力迁移相关的理论，包括二元结构理论、二元劳动力市场理论、人力资本理论和“投资–收益”理论；最后，梳理与旅游地发展相关理论，包括旅游地生命周期理论和“相对剥夺感”理论。

一、人口迁移相关理论

人口迁移相关理论是与人口迁移相关的理论，主要包括迁移早期理论、“推–拉”理论、预期收入理论和“双流动”理论等。

（一）迁移早期理论

1. 莱文斯坦的人口迁移理论

1885 年，莱文斯坦（Ravenstein）根据英国人口普查结果，发表了第一篇关于人口迁移的论文《人口迁移的法则》，为人口迁移理论研究奠定了基础。后根据欧洲 20 多个国家的资料，于 1889 年提出著名的人口迁移七大法则[87]：①人口迁移行为受距离因素影响，遵循距离衰减规律，通常短距离迁移多于长距离迁移；②人口迁移过程呈分级递进的特征，大的商业中心和附近城镇分别吸引不同的人口迁入；③在较大规模的人口迁移中，正流向的主迁移流和反流向的逆迁移流同时并存；④人口迁移的流向主要是由乡村到城市，城市居民迁移少于乡村居民；⑤技术与经济的发展促使人口迁移规模呈现扩大趋势；⑥人口迁移的主要动机是经济因素，同时有环境恶化、政治压迫、种族歧视等方面因素的作用；⑦任何一个开放性的群体，总会有部分人迁出，而哪些人迁出并不是一个随机过程，而是具有一些经济社会和人口特征的[87]。以上七大法则是对英国和其他欧洲国家工业化进程中人口迁移特点的归纳概括，反映出工业化阶段人口迁移的独有特征，但由于所处时代的局限性，适用范围相对有限，属于人口迁移的表象归纳理论。

莱文斯坦的理论虽是概述性的，但对人口迁移研究则是开创性的，并对旅游劳务移民研究有一定的理论启示。旅游劳务移民研究与人口迁移研究有一定的相似性，但其更具有复杂性。旅游劳务移民是以旅游业为代表的服务业发展引起的人口迁移，其活动不仅包括“乡村—城市”流向，也包括“城市—城市”流向和“城市—乡村”流向。因此，旅游劳务移民不能局限于某一流向，应该从多方面对移民进行分析。

2. 李埃弗雷特的迁移理论

1996 年，李埃弗雷特（Everett S. Lee）等以“A theory of migration”为题发表了一篇论文，对人口迁移理论进一步发展，并从迁移因素、迁移数量、迁移流向和迁移者特征四个方面对人口迁移理论进行总结，提出了迁移形成的四个因素：①迁入地因素；②迁出地因素；③障碍性因素；④个人因素[88]。其中，迁入地和迁出地因素被划分为吸引力因素和排斥力因素，分别被记为“+”和“−”。对于迁出行为来说，个人因素作用很大，不同人对同一作用的评价会存在很大区别。对于某一个潜在的人口迁移对象来说，迁移发生地的条件是“（迁出地的负影响+预期迁入地的正影响）−（迁出地的正影响+预期迁入地的负影响）>中间阻碍因素形成的合力”。这一理论是对已有人口迁移理论的发展，既是对现有人口迁移理论的系统化，也是人口迁移理论最前沿的研究。

李埃弗雷特的迁移理论是对原有理论的系统性归纳，对解释旅游劳务移民的形成具有重要的启示。旅游劳务移民也是多种因素作用的结果，其发展不仅有劳务迁出地因素和旅游地因素，也有个人因素和阻碍性因素的影响。而且由于自愿性迁移属性，个人因素的作用与旅游劳务移民形成更加密切的联系，甚至对旅游劳务移民的产生有决定性作用。

（二）“推-拉”理论

“推-拉”理论最早由赫伯尔（Herberle）于 1938 年提出，是 20 世纪 60 年代广为流传的解释人口迁移成因的一种理论，代表人物有勃格（Bogue）、罗理（Lowry）等学者[89]。这一理论的核心观点是，人口迁移是迁入因素和迁出因素共同作用的结果。根据这一理论，人口迁移的主要目的是改善生活条件，而拉力是有利于改善迁入地生活条件的因素，推力是迁出地不利于改善生活条件的因素。从迁移者个体本身来看，“推–拉”理论包含两个基本假设，即理性人假设和信息充分假设。其中，理性人假设设定人们的迁移行为是理性的选择；信息充分假设设定移民对目的地和目的地的信息有充分的了解，并根据两者产生的推力和拉力，从比较利益的角度做出选择。“推–拉”理论虽然可以在一定程度上对人口迁移进行解释，但由于拉力和推力均是较为模糊的概念，故难以确定移民拉力和推力的强度。

“推–拉”理论呈现了人口迁移的最基本规律，是一种较为全面、深刻的理论，对解释旅游劳务移民成因具有一定的启示。旅游劳务移民包含着来自劳务迁出地的推力和旅游地的拉力，两者共同作用促成该现象的发生。但由于旅游劳务移民的复杂性，“推–拉”理论的解释作用有限。

（三）预期收入理论

预期收入理论由托达罗（Todaro）于 1969 年提出，用来解释农村人口流入和城市失业人口共同存在的现象[90]。该理论认为，预期收入差异是移民的动力所在。其核心观点包括：①移民的动力是预期收入而不是绝对收入；②预期收入差异是对迁出后实际收入差距以及个体因素、综合成本进行权衡的结果；③迁移结果会考虑短期时间内以及长期时间内的预期收入和成本；④迁移与居留时间有关，居留时间长、找到工作机会多将增加迁入的概率[91]。

预期收入理论解释了移民对成本和收益的权衡，对旅游劳务移民成因提供了一种解释。在旅游地中，旅游劳务移民对预期收入的考虑不仅要包含自身的工资收入，还要包括对综合成本方面的考量，也要包含对未来收入的长远考虑。同时居留时间与旅游劳务移民也有很大关联。

（四）“双流动”理论

“双流动”理论由 Blalock 等于 1967 年提出[92]。该理论认为，由于不同社区的职业机会存在差异，人的出生地会影响个人未来的就业机遇[92]。其核心观点包括：①劳动力迁移包含地理流动和社会流动；②地理流动先于社会流动；③地理流动会促进社会流动。该理论提出了两条促进途径：一是地理流动促进了乡村到城市的向上社会流动；二是外来居民的到来促进了本地居民的社会流动[92]。但是该理论仅用来解释乡村或中小城市向大城市的迁移行为，未进行进一步探讨。

“双流动”理论从一个更广的角度对劳动力迁移进行解释，对旅游劳务移民的表现形式认识有很大的帮助。旅游劳务移民伴随着地理流动和社会流动的发生，不仅是一个空间上流动的过程，更是不同社会之间的流动。该理论表明旅游劳务移民是由空间迁移和社会迁移共同构成的，两者共同作用于旅游劳务移民。

二、劳动力迁移相关理论

劳动力迁移相关理论是与劳动力迁移相关的理论，包括二元结构理论、二元劳动力市场理论、人力资本理论、“投资–收益”理论。

（一）二元结构理论

二元结构理论由刘易斯（Lewis）在 1954 年创立，包括二元经济及其劳动力转移模型[93]。该理论从宏观层面对劳动力迁移的动因和过程进行解释，其核心观点是，发展中国家的经济系统可以划分为传统部门（以农业为主导）和现代部门（以现代部门为主导）[93]。在二元经济结构社会中，传统部门劳动力比较丰富，其劳动力转移不会产生影响，边际效应接近于零；现代部门的工资远高于传统部门，工资差别导致传统部门劳动力转向现代部门，加上利润向资本的转化，使现代部门吸引劳动力的能力进一步增强[94]。该理论假设劳动力能够无限供给，当现代部门完全吸收了传统部门，就达到了拐点，被称为“刘易斯拐点”[94]。之后，由于劳动生产率得到提高，传统部门开始与现代部门争夺劳动力，一元经济转变为二元经济。

刘易斯的二元经济理论解释了传统部门和现代部门之间劳动力迁移的动因，为理解旅游劳务移民的动力提供了启示。旅游劳务移民是发生在旅游部门与其他部门之间的一种人口迁移现象，其发生是其他部门劳动力不断向旅游部门转移的过程。这种转移过程类似于农业和工业等传统部门向以旅游为主的服务部门转移的过程，为进一步解释旅游劳务移民的发生提供了一定依据。

（二）二元劳动力市场理论

二元劳动力市场理论由皮奥雷（Piore）于 1979 年提出[95]。与传统迁移动机理论不同，该理论假设迁移动机来自劳动力市场二元结构和内生劳动力需求。其核心观点是，在经济中存在劳动力供求关系不一样的两个部门，一个是工资待遇、条件较好的主导部门，另一个是工资待遇、条件较差的辅助部门[95]。本地居民一般在主导部门工作，而次要部门对本地居民没有吸引力，需要吸收外地劳动力填补空缺，由此产生了迁移动机[94]。本地居民不愿意从事辅助部门的原因主要有：一是工资水平，主导部门工资水平较高，为解决工资通胀，有必要引入低成本的外来劳动力从事辅助工作；二是工作动机，本地劳动力由于追求名声，不屑于从事辅助工作；三是经济二元，相对于辅助部门，主导部门就业更加稳定；四是供给结构，辅助劳动力所依托的妇女和年轻人转到主导部门，需要迁移劳动力补充[96]。

二元劳动力市场理论揭示了外地劳动力迁入的动因，对理解旅游劳务移民动因有一定的启示。在旅游地，由于本地居民不愿意或者不能从事部分旅游工作，一些旅游工作岗位空缺，从而为吸引外地劳动力迁入提供了动因。另外，由于旅游行业的发展，本地劳动力不愿意再从事旅游中的辅助工作，留下大量的旅游辅助服务工作，需要引入低成本的劳动力来从事旅游基础服务。

（三）人力资本理论

人力资本理论最早由威廉·配第（Petty）在著作《政治算术》中运用[97]，早期雏形在柏拉图（Plato）的《理想国》中已有提及[98]，代表人物有西奥多·舒尔茨、加里·贝克尔、雅各布·明瑟等。经济学之父亚当·斯密（Adam Smith）在其《国富论》中认为人学习需要投入资本，通过学习获得的才能既属于学习者的个人财产又属于社会所有财产[99]，能极大推动人力资本理论的发展。之后，舒尔茨（Schultz）明确了人力资本的概念，从宏观层面将人力资本划分为健康、教育、培训、迁移、非正规教育等类型，并得出人力资本对经济发展有重要影响[100]。贝克尔（Becker）从微观层面出发将人力资本投资与效益最大化原理相结合，构建了个体行为研究的人本投资模型[101]。明瑟（Myers）借助价值补偿原理，将该理论进一步应用于家庭决策模型，以探讨教育年限与个人收入之间的关系[102]。

人力资本理论解释了劳动力迁移的动因，对旅游劳务移民成因有一定指导。为追求效用最大化，旅游劳务移民进行人力资本投资，以获得技能提升以及良好的居住环境。其中，旅游劳务移民的人力资本总和为旅游地所有要素的整合，迁移目的是追求个人发展的最大化。

（四）“投资-收益”理论

“投资-收益”理论最早由美国经济学家舒尔茨（Schultz）于 1961 年提出。这一理论认为人的迁移行为通常是由于追求更大的经济利益所导致的[100]。这种观点认为，移民是一种投资行为，当成本大于收益时，该行为并不会发生；当收益大于成本时，移民行为才会发生。其中，迁移成本包含费用支出、时间支出、体力和脑力支出以及感情支出等；迁移收益包含收入增加、社会关系改善、个人心理满足等[103]。该理论可以很好地解释年轻人的迁移行为，由于迁移前年轻人成本相对较低，且迁移后有较长时间提高收入，故迁移的预期收入较高[94]。

“投资-收益”理论从经济学角度对劳动力迁移行为进行微观解释，为研究旅游劳务移民提供了一定启示。旅游劳务移民行为也是一种“投资-收益”的考量，其必然包含各种成本与收益权衡之后的结果。同时，在旅游劳务移民中，年轻人占大多数，可以说明成本相对较低的年轻人更容易发生迁移行为。

三、旅游地发展相关理论

旅游地发展相关理论是与旅游地产生和发展相关的理论，包括旅游地生命周期理论和“相对剥夺感”理论。

（一）旅游地生命周期理论

旅游地生命周期理论最早由克里斯塔勒（Christaller）于 1963 年提出[104]，后由巴特勒（Butler）进行系统阐述[105]。该理论认为，旅游地如同产品一样，也在经历一个“从出生到死亡”的过程，只是这里的产品销量变成了旅游者的数量。根据该理论，旅游地演化要经历探索、参与、发展、巩固、停滞、衰落或复苏六个阶段。其中，探索阶段旅游地自然和社会经济环境变化不大，游客数量有限，分布零散；参与阶段简易旅游设施开始出现，旅游者增多；发展阶段旅游市场开始显现，旅游投资增多，旅游者人数持续上涨；巩固阶段旅游地经济发展与旅游业密切相关，游客继续增多，但增长率下降；在停滞阶段，旅游环境容量达到最大值，导致许多经济、社会和环境问题，游客数量达到最大值；在衰落或复苏阶段，一种可能是游客被新的目的地吸引，旅游市场开始出现萎缩迹象，游客数量下降；另一种可能是旅游地通过一定措施再次增加了其吸引力，旅游地发展迈入新水平。旅游地生命周期理论揭示了旅游地会经历一个由盛转衰的过程，为研究旅游地发展历程提供了一种可供采用的模式。

旅游地生命周期理论是从产品角度对旅游地发展进行的解释，对旅游劳务移民发展同样具有一定的指导意义。旅游地劳务移民发展伴随着旅游的发展而产生，会随着旅游地的衰落而消失。通过对旅游地生命周期理论的分析，可对旅游劳务移民演化进行分析，从而对旅游劳务移民有准确的认识。

（二）“相对剥夺感”理论

“相对剥夺感”理论最早由斯托弗（Stouffer）提出，后由斯塔克（Stark）于1984年用来解释劳动力迁移[106]。该理论认为，相对剥夺感是导致劳动力迁移的一个影响因素，核心观点包括：①最穷的地方迁移率并不是最高的；②收入分配的不平衡程度越高，迁移率越高；③在收入不平衡的地方，非常穷的人迁移倾向最高。该理论认为，在初始阶段，劳动力迁移的参考系为移出地，即与共同生活在一起的群体比较；后期参考系为目的地，即与移民聚集地的人群比较[107]。同时，该理论提出了两种减少剥夺感的途径：一是减少与外部群体的接触，只与自己原来聚集地的人交往，而这些人之间的收入是类似的；二是将这种剥夺感转化为激进的政治行为。

“相对剥夺感”理论是对收入差异理论的挑战，对解释旅游劳务移民提供了社会层面的思考路径。旅游劳务移民也不全是由于收入差异而形成，其中也应该包含迁出地带给他们的相对剥夺感，尤其对于很多来自城市的旅游者来说，这种相对剥夺感有上升的趋势，因而促使他们从大城市来到中小城市或者景区周边。

第三章　旅游劳务移民基本理论

本章旨在构建旅游劳务移民的基本理论，主要回答“旅游劳务移民是什么”的问题。首先，本章分析了旅游劳务移民的基本含义，得出概念界定、基本特征、主要类型和分布形态等基本概念；其次，本章结合旅游地生命周期理论，分析了旅游劳务移民演化阶段，得出主要的演化阶段；最后，本章分析了旅游劳务移民表现形式，得出旅游劳务移民具有空间迁移和社会迁移两种形式。

一、旅游劳务移民基本内涵

（一）概念界定

1. 移民

“移民”一词，在英文表达中有“migration”、“immigration”和“emigration”等多个对应词汇，最早出现于18世纪中后期，初期专指迁徙到美国的欧洲人[108]。《辞海》将“移民”定义为：迁往某一地区永久定居的人[109]。该定义与英文词汇一致，“移民”可表示行为主体，也可表示一种行为。《现代汉语词典（第七版）》对移民有两种解释：一是居民由一地或一国迁移到另一地或另一国落户；二是迁移到外地或外国去落户的人[110]。由此可见，“移民”既可以是一种行为，也可以是一类主体，既可以表示国内迁徙，也可以表示跨国迁徙。对于移民的界定，长期以来处于相对模糊的状态，迄今为止仍存在不同的界定标准。1953年，联合国经济和社会事务部统计司（Department of Economic and Social Affairs Statistics Division of UN）首次以联合国的名义对国际移民的标准进行界定，国际移民是指“在外国居住一年以上的人”；后于1998年进行修订，公布《国际移民数据统计建议》，国际移民是指“任何一位改变了常住国的人”，并将其划分为长期移民（居住时长12个月以上）和短期移民（居住时长3~12个月）[108]。在该界定基础上，不同国际组织、不同主权国家因为各自立场、社会环境等方面的不同，从时间、空间、人员类别、迁徙动机和迁徙途径五个要素进行具体界定。

基于以上认识，结合本书会涉及国内、跨国两个方面的移民类型，综合考虑国内、国际两个因素，需要从时间和空间上对移民进行定义。移民可以定义为，长期居住地改变超过一定时间的人。由于各个国际组织、各个主权国家对时间的界定存在很多争议，在这里并不对时间进行界定，于下文中依据具体研究需要再进行界定。对于时间的界定，国家层面的标准包括：英国采用6个月居住时长；韩国以3个月为界定标准；荷兰移民法界定为超过120天；《中华人民共和国出境入境管理法》中规定，外国人停留证件的有效期最长为180日，这成为我国界定移民的一个标准[108]。

2. 劳务移民

根据国际劳工组织（International Labour Organization，ILO）的定义，移民工人是指在当前居住国处于就业、失业或寻求工作状态的所有国际移民，包含高技能移民和低技能移民，后者占大多数[1]。劳务移民在国际上被称为“海外劳务移民”和“国际劳务移民”。海外劳务移民是指一国派遣技术人员、工人或其他劳务人员，前往另一国，为需要劳务的业主提供各种不同的技术服务和工程建设服务，并由此赚取外汇的交易活动，具备转移工作国度、赚取外汇和获取劳动收入三个基本要件，在国内称为对外劳务输出[111]。国际劳务移民定义为，由一国移居到另一国，且以寻求工作岗位和获取劳动报酬为目的，但不具有移民目的地国正式公民资格的人员[112]。由此可得，劳务移民是对移民的对象进行了限定，即劳动者。那么，根据对移民的定义，劳务移民可以定义为，长期居住地改变超过一定时间的劳动者。

3. 旅游移民

旅游移民是一种特殊的移民形态，其介于短时性的旅游和永久性的移民之间，存在多种形式的旅行和移民行为[113]。对于旅游移民的概念，国外并没有对其进行界定，更多为对这种现象进行描述。例如，O’Reilly 研究发现，这些移民既不是传统的旅游者，也不是定居者，而是介于两者之间某个位置的某类移民；这类移民并不是一次性的永久性的迁移，而是一个“在路上”的状态[114]。国内学者杨钊和陆林在“永久性”不作为移民必要特性认识的基础上，将旅游移民定义为，“由于过去旅游经历和出于休闲目的，或由于旅游产业发展的需要而引起外来人员在旅游地工作或居住行为发生的移民”[10]。根据该定义可知，旅游移民是根据原因或动机对移民的定义进行限定。那么，根据对移民的定义，可将旅游移民界定为，因旅游业发展而改变长期居住地超过一定时间的人。

4. 旅游劳务移民

旅游劳务移民是一种特殊形态的移民现象。从相同点来看，移民、劳务移民、旅游移民和旅游劳务移民均具有过程属性，是一个动态的过程，包含迁出和迁入；从不同点来看，移民没有对象限定和原因限定，劳务移民具有对象限定，旅游移民具有原因限定，旅游劳务移民具有对象限定和原因限定。具体关系如图 3-1 所示。

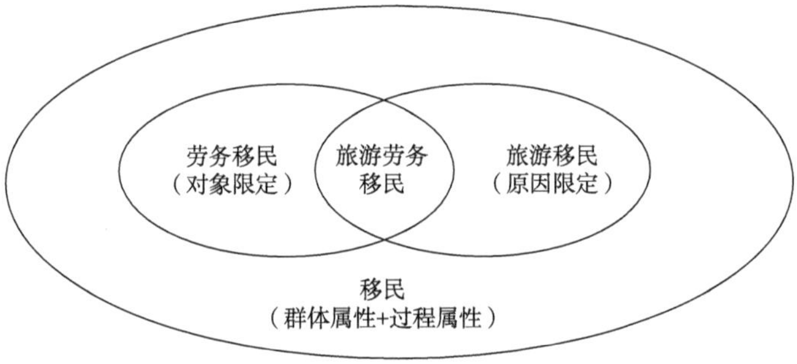

图 3-1　旅游劳务移民相关概念关系图

根据以上界定，移民是长期居住地改变超过一定时间的人；劳务移民是长期居住地改变超过一定时间的劳动者；旅游移民是由于旅游发展而引致的长期居住地改变超过一定时间的人。故本书将旅游劳务移民定义为由于旅游发展而引致的长期居住地改变超过一定时间的劳动者。该定义延续了移民的群体属性，吸纳了劳务移民的对象限定和旅游移民的原因限定。根据对移民的技术性定义，本书得出旅游劳务移民的技术性定义，即旅游劳务移民是由于旅游发展而引致的离开现户籍所在地、居住时间超过 6 个月的劳动者。对于户籍所在地，书中所指为跨越县（市、区）级户籍所在地。同时，由于旅游劳务移民不仅是一类主体，也是一类行为，故在对旅游劳务移民进行研究时需要涉及其过程属性，常使用迁移、人口迁移等词语进行表述。

5. 相关概念解释

旅游劳务移民研究中会出现迁移、人口迁移等名词，特对其进行界定和解释。

1）迁移

在日常生活中，人的活动通常需要空间位置的移动来实现。上班需要在家和工作单位之间的空间移动，购物需要在家和购物场所之间的空间移动。人的空间移动将会伴随着人的存在而存在。但是，人口学的研究并不是研究所有的空间位置移动，而是选择一部分活动进行研究，并把这一部分空间位置转移称为“迁移”。对于“迁移”的认识，归纳起来共有三类。一是空间转移，其中的代表性定义为，迁移是指一个人的住所从一个地区迁移到另一个地区。二是时间驻留，迁移是指在特定的时间内移动特定的距离，以改变其永久居住地。三是环境改变，迁移是指个人或群体从一个社会转移到另一个社会，通常伴随着抛弃旧的环境和适应新的社会。从以上三类认识可以得出，“迁移”通常伴随着空间、时间和环境的改变，这一改变对迁移过程至关重要[115]。

2）人口迁移

对于“人口迁移”的定义，根据适用范围的不同，学者们从不同方面做出很多定义。从“人口迁移”一词来看，人口学者往往将其解释为跨区域的人口移动，而社会学者往往会认为这是一种人口的社会移动[116]。威廉·佩第（William Petty）最早在《献给英明人士》一书中提及人口迁移的概念，指出人口的价值在于能劳动和创造财富[117]。1970 年，联合国在《国内迁移衡量方法》中将人口迁移定义为，有最低距离限度的空间移动，同时伴随着居住地的改变，故国际上通常将人口迁移定义为空间位置发生改变的人口[118]。由于这个定义无法完整衡量人口迁移行为，美国人口调查局邀请相关专家对人口迁移下了明确定义，即相对永久性的居住地改变[119]。根据中国户籍登记制度，“迁移”被定义为官方户籍的变动，通常伴随着户籍地从原住地迁出，并迁到目的地，被称为“一个地点向另一个地点的迁居活动”[120]。在国内学者的研究当中，移民，即人口迁移，包括短期性的迁移和长期性的迁移，并不一定要改变户口[121]。因此，本书使用人口迁移排除“户籍变动”的因素，将人口离开居住地并超过一定期限视为人口迁移。

（二）基本特征

在前人研究的基础上，根据对旅游劳务移民的定义，本书归纳出旅游劳务移民存在旅游驱动性、目的劳务性、过程动态性和时间长期性四个基本特征。

1. 旅游驱动性

旅游驱动性是旅游劳务移民区别于其他劳务移民最根本的特征。在迁移活动开展前，潜在移民是由旅游驱动的，其选择将会在旅游地之间而不是在旅游地与其他迁入地之间，这种选择在活动开始之前已具有一定的确定性。在迁移活动开展前，移民通常会通过旅游活动到访旅游地，会自愿考虑旅游工作的适宜性或者该工作和旅游的匹配性，以从事旅游工作或者旅游相关工作。在迁移活动开展中，将会考虑旅游驱动的大小以及自己目前的工作和旅游地的适宜性，维护自己所获得的权益。旅游驱动性对于个体的作用是相对的。对于一部分旅游者来说，旅游地只是旅游地，不可能成为迁入地，但是对于另一部分旅游者来说，旅游地可能成为迁入地。

2. 目的劳务性

目的劳务性是旅游劳务移民区别于其他移民活动最显著的特征。旅游劳务移民来到旅游地的目的是工作，而不是进行消费。旅游劳务移民的工作层次和消费比例正相关，即工作层次越高，工作占用时间比例越低，消费比例越高；工作层次越低，工作占用时间比例越高，消费比例越低。旅游劳务移民与劳务是不可分开的，存在生存劳务和生活劳务。生存劳务是为了获取更多的劳动报酬而选择在旅游地从事劳务活动；生活劳务是为了能够在旅游地生活而选择在旅游地从事劳务活动。前者劳务所占时间会比较多，后者休闲时间会占比较大。

3. 过程动态性

过程动态性是旅游劳务移民的固有属性。一是变化过程具有动态性。在旅游劳务移民中，空间位置变化本身就具有动态性。空间位置变化可能是迁入，也可能是迁出，方向具有变化性，即一个地方的旅游劳务移民的数量处于动态变化之中。但是在某一个时间点，迁入和迁出的数量是相对静止的，故对旅游劳务移民计算应选择具体的时间段或时间点。二是旅游劳务移民发展过程具有动态性。在旅游地发展初期，由于发展较为缓慢，旅游劳务移民迁入较少，迁出也较少，旅游地主要雇用本地居民；在旅游地发展中期，由于发展机会较多，旅游劳务移民迁入较多，以满足旅游地大量的劳务需求；在旅游地发展后期，由于发展机会减少，旅游劳务移民迁入较少，旅游劳务迁出增多。

4. 时间长期性

时间长期性是旅游劳务移民最终形成的重要条件和评价标准。对于移民来说，必须要离开迁出地达到一定时间才能满足条件，并且需要在迁入地长期生活。对于时间长期性来说，具有以下两方面的原因。一方面，移民要求人口在迁入地居住或工作较长时间，旅游劳务移民也需要对时间进行限定。旅游劳务移民不同于短期性的旅游活动，也不同于永久性的移民活动，而是一个具有一定时间限定的特殊移民活动。另一方面，劳务移民本身就具有一定的长期性特征。对于劳务移民，本身也是一个对时间有限定的概念，也要求旅游劳务移民对时间进行限制，并具有一定的长期性。

（三）主要类型

根据前人研究经验以及对旅游劳务移民的分析[122]，可以依据空间范围、居留时间、所处职位和迁移动机对其进行分类（表 3-1）。

表 3-1　旅游劳务移民类型划分

分类依据	主要类型
空间范围	国际旅游劳务移民
	国内旅游劳务移民
居留时间	季节性旅游劳务移民
	永久性旅游劳务移民
所处职位	雇主型旅游劳务移民
	雇员型旅游劳务移民
迁移动机	经济获取型旅游劳务移民
	生活方式型旅游劳务移民
	自我实现型旅游劳务移民

1. 按空间范围划分

1）国际旅游劳务移民

国际旅游劳务移民是跨越国家或地区的旅游劳务移民，通常发生在国际旅游地。由于缺少高级旅游管理人员，一些岛屿国家和经济发展水平较低的国家，依靠引进外籍管理人员进行具体管理，进而吸引一部分劳务人口在这里长期居住和生活，形成国际旅游劳务移民。此外，在一些国际旅游业高度发达的国家或地区，由于本国或本地区缺少足够的劳务人口来提供旅游服务，故吸引其他国家或地区的劳工从事一些简单的旅游服务工作，以缓解对旅游劳工的需求，在这中间也存在一定程度的国际旅游劳务移民。

2）国内旅游劳务移民

国内旅游劳务移民是一国之内跨越省级边界、州市边界及县级边界的旅游劳务移民，范围限定于一个国家之内，没有超越国与国之间的界限。国内旅游劳务移民更多发生在相邻地区之间，有时也会发生在旅游地和不相邻的经济发达地区之间。由于旅游资源的差异，旅游地的开发形成巨大的劳务需求，进而吸引周边地区人口加入旅游行业，形成国内旅游劳务移民。另外，部分不相邻的经济发达地区人口意识到旅游地的景观优势和发展优势，会前往旅游地进行投资和经营，形成国内旅游劳务移民。

2. 按居留时间划分

1）季节性旅游劳务移民

季节性旅游劳务移民是发生在某个特定季节的旅游劳务移民活动，通常具有一定的周期性，多发生在旅游旺季，有时也发生在旅游淡季。在旅游旺季，旅游地对旅游服务人口的需求迅速攀升，导致一定时间段内旅游劳务移民相对短缺，需要外地旅游劳务人口进行补充，形成旺季旅游劳务移民。在旅游淡季，旅游地对旅游服务人口需求相对较少，但对旅游设施建设人口的需求量有所提升，进而形成淡季旅游劳务移民。

2）永久性旅游劳务移民

永久性旅游劳务移民是空间位置发生彻底转变或户籍发生变动的旅游劳务移民活动，居留时间相对较长，一般伴随着定居行为。在一些发展较为成熟的旅游地，旅游业已经成为支撑本地发展的主导产业，其发展已从“旺季发展，淡季歇业”转变为“全时段、全时空”的发展，对旅游服务人口的需求已打破季节性的局限，长期对外地旅游劳务形成依赖，故形成永久性旅游劳务移民。

3. 按所处职位划分

1）雇主型旅游劳务移民

雇主型旅游劳务移民是由于在旅游地成为企业主投资而发生的旅游劳务移民活动，通常是企业的高层人员或者客栈的实际拥有者。在一些旅游业高度发展的旅游地，某些外地居民人口意识到旅游地所存在的旅游发展潜力，前往旅游地投资一些旅游项目或者客栈等并以企业主身份加入本地旅游发展，形成雇主型旅游劳务移民。

2）雇员型旅游劳务移民

雇员型旅游劳务移民是由于在旅游地从事基本旅游工作而发生的旅游劳务移民活动，通常处于一个组织的基层，从事一些最基本的旅游服务工作。由于旅游业的快速发展，旅游地对旅游服务人员的需求急剧增加，有必要在旅游地以外获取新的旅游劳动力人口，以缓解大量旅游者带来的服务压力。在这个过程中，部分外地旅游劳务人口在这里长期生活和参与旅游相关工作，形成雇员型旅游劳务移民。

4. 按迁移动机划分

1）经济获取型旅游劳务移民

经济获取型旅游劳务移民是以获取经济利益为主要动机的旅游劳务移民，通常是为了获取更多预期收入。在一些海岛等人口稀少的较发达旅游地，由于本地劳动力缺少，故吸引外地劳动力从事一些旅游基础服务工作。相对于其他工作，旅游基础服务工作相对简单，并能够获取报酬，因此能够吸引一部分有经济困难的劳动力前往旅游地。此外，部分旅游规划公司等在旅游地开展工作，从业者前往旅游地从事相关工作，主要目的是获取更高的劳动报酬。

2）生活方式型旅游劳务移民

生活方式型旅游劳务移民是以改变生活方式为主要动机的旅游劳务移民。对于一些年轻人来说，重复而又繁杂的城市工作已经使他们厌倦了那种一成不变的生活方式，他们渴望改变现有的生活方式。旅游地提供了不一样的生活方式，一种以“为他人创造快乐”为工作目的的生活方式，满足了年轻人对生活方式的向往。在这种情况下，一些年轻人抛弃大城市的生活，选择来到旅游地工作和长期居住，以改变自己的生活方式。

3）自我实现型旅游劳务移民

自我实现型旅游劳务移民是以在旅游地开创一番事业或者自我提升为主要动机的旅游劳务移民。在旅游业快速发展的背景下，部分人意识到旅游地潜在的发展机会，故希望通过在旅游地创业或就业来自我实现。其中，一部分人选择通过自己开店或者开客栈等来实现自我价值，也有一部分人选择通过接受并经营本地一些客栈等来实现自己的价值。

（四）分布形态

随着旅游目的地的发展，旅游劳务移民增多，在分布形态上也具有一定的特征。通过对各个旅游目的地的观察，旅游劳务移民分布存在固定分布、季节分布和环形分布三种形态（图 3-2）。

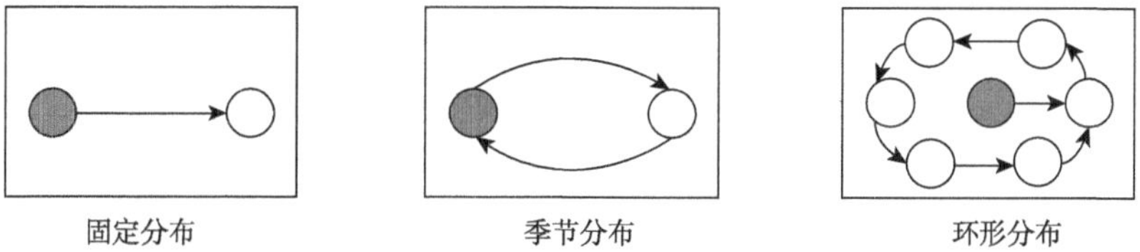

图 3-2　旅游劳务移民分布形态

1. 固定分布

固定分布是旅游劳务移民分布相对固定的一种形态，通常发生在淡旺季影响较小的旅游目的地。对于一些旅游劳务移民来说，移民决定是一个相当重要的决定，通常要经过长时间的思考和多重利益的考量。故当旅游劳务移民发生之后，这些移民会相对固定地在一个旅游目的地分布，并不会发生时间上和空间上的改变。固定分布形态有以下特征。第一，固定分布的旅游劳务移民会拥有固定职业，而不是来回在多个职业间跳槽。第二，固定分布的旅游劳务移民会有固定空间，其经营活动场所不会随意变动。

2. 季节分布

季节分布是旅游劳务移民分布呈现季节性流动的一种形态，通常发生在淡旺季显著的旅游目的地。对于部分旅游劳务移民来说，移民决定是一种适宜性选择，通常是旅游目的地能够满足自己所在地不能满足的生活条件。故当某个季节这种生活条件不能得到满足时，旅游劳务移民会选择返回迁出地，以使这种条件能够得到继续保持。季节分布形态有以下特征。第一，迁入目的地的相对适宜性。旅游劳务移民对旅游目的地的评价具有相对性，在某个季节具有适宜性，在某些季节不具有适宜性。第二，迁入目的地的选择可变性。在某个旅游目的地移民一段时间之后，会在移民目的地对自己不利时，选择迁出旅游目的地，选择下一个旅游目的地或者返回迁出地。

3. 环形分布

环形分布是旅游劳务移民分布呈现多个旅游目的地分布的一种形态，通常发生在不受旅游目的地季节性特征影响的群体中[123]。对于一些旅游劳务移民来说，迁移决定并不是一个重要决定，而是选择一种新的生活方式必须要经历的程序。对于绝大多数人来说，旅游目的地对生活方式的满足程度具有相对性，是在一定时间和一定条件下的适宜性选择，但对于长期的工作和生活来说，并不具有依恋性。因此，部分移民会选择在一个旅游目的地工作和生活一段时间，然后去下一个旅游目的地工作和生活。环形分布形态有以下特征。第一，迁入目的地的相对暂时性，旅游劳务移民会自一个旅游目的地发生一段时间之后，选择另外一个旅游目的地进行移民。第二，迁入目的地的选择快速性，旅游劳务移民通常会在旅游目的地选择上花费很少时间。

二、旅游劳务移民演化阶段

在旅游劳务移民过程中，其发展演化会随着旅游地的变化而发生变化。参考前人对旅游地生命周期理论的研究[124]，结合旅游劳务移民的实际情况，对旅游劳务移民演化阶段进行归纳和构建。旅游劳务移民演化可划分为三个阶段（图 3-3），即零散迁移阶段、规模迁移阶段和调整迁移阶段。

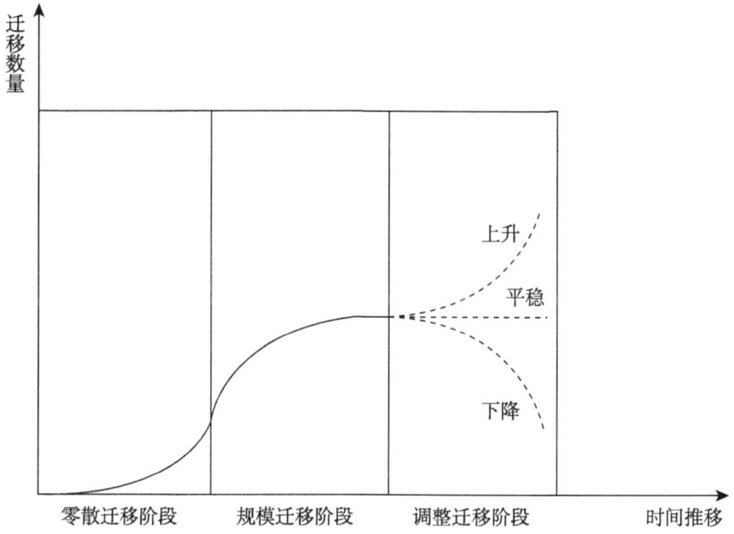

图 3-3　旅游劳务移民演化阶段图

（一）零散迁移阶段

1. 阶段内涵

零散迁移阶段是旅游劳务移民数量很少且迁移路径不明显的阶段。在零散迁移阶段，旅游劳务移民并未成为一种普遍的流行趋势，而是个别从事活动。处于零散迁移阶段的旅游劳务移民可能会出现三种情况：一是发展动力不足，长期处于零散迁移阶段，需要经过长时间的积累才能够进入下一阶段；二是发展优势明显，该描述无法印证“发展优势明显”的观点；三是发展先天缺陷，该描述无法印证“发展先天缺陷”的观点。

2. 阶段特征

零散迁移阶段最明显的特征是迁移人数较少和迁移速度较慢。从旅游地来看，处于零散迁移阶段的旅游劳务移民充满不确定性，对迁移后果考虑缺少参照系，导致整个过程人数较少，呈现出零散特征。从劳务迁出地来看，处于零散迁移阶段的旅游劳务移民并没有形成带动作用，对其他人形成的“示范作用”不明显，导致整个迁移过程没有较为快速的变化。从个人倾向性来看，处于零散迁移阶段的旅游劳务移民对旅游地和劳务迁出地情况的把握不是很明显，呈现出的迁移期望值较低。

3. 影响因素

影响旅游劳务移民零散的主要因素包含以下三个方面。一是知名程度。对于知名旅游地，旅游劳务移民可能很快跨过零散迁移阶段，进入规模迁移阶段；但对于不知名旅游地，阶段跨越将会延缓。二是经济差异。旅游地与周边的经济差异是影响旅游劳务移民的重要因素，其差异程度将会直接影响旅游劳务移民零散阶段持续的时间。三是本地规模。具有较大外来劳务移民的旅游地具有迁移吸引优势，这种迁移优势会很快在旅游地扩散开来，零散迁移阶段将很快转化为规模阶段。

（二）规模迁移阶段

1. 阶段内涵

规模迁移阶段是旅游劳务移民数量很多且迁移路径明显的阶段。在规模迁移阶段，旅游劳务移民已成为旅游地的一种普遍现象，并在本地社区有一定的影响力。处于规模迁移阶段的旅游劳务移民可能会出现两种结果：一种是移民与本地社区和谐相处，共同促进旅游地发展；另一种是移民与本地社区形成对立，从而使原有的社会结构崩塌，进入调整迁移阶段。

2. 阶段特征

规模迁移阶段的主要特征是迁移人数较多和迁移速度较快。从旅游地来看，处于规模迁移阶段的旅游劳务移民确定性得以增强，迁移信心不断提升，已具有较多参照系供人们做出判断，呈现出规模特征。从劳务迁出地来看，处于规模迁移阶段的旅游劳务移民已对迁出地社区形成一定的“示范效应”，给予很多人一种正面的迁移暗示，会引发或带动周边形成迁移规模效应。从个人倾向性来看，处于规模迁移阶段的旅游劳务移民对旅游地和劳务迁出地的情况已全面了解，呈现出迁移期望值较高的特点。

3. 影响因素

影响旅游劳务移民规模的主要因素包含以下三个方面。一是工作机会。大规模的旅游劳务移民是在大批量的工作机会前提下得以实现的。没有持续增多的工作机会，旅游劳务移民会逐步受到限制，从而发展速度减缓，进入调整阶段。二是预期收入。预期收入的持续增加是旅游劳务移民得以长期实现的重要保证，将会给予移民一个足够稳定的经济基础，继而带动更多的迁移活动。三是社区关系。社区关系的好坏是决定旅游劳务移民是否具有持续性的重要因素。当社区与移民有较好的发展关系时，会形成一种接纳外地居民人口的良性循环，促进旅游劳务移民的可持续发展。

（三）调整迁移阶段

1. 阶段内涵

调整迁移阶段是旅游劳务移民已进入停滞期并出现衰退现象的阶段。在调整迁移阶段，旅游劳务移民已经成为旅游地必须要面对的重要问题，并直接关系着旅游地的进一步发展。处于调整迁移阶段的旅游劳务移民存在三种可能：第一种是调整有效，旅游劳务移民获得快速提升，继续扩大原有的迁移规模；第二种是调整无效，旅游劳务移民长期徘徊于某一状态；第三种是调整失效，旅游劳务移民比例逐渐降低。

2. 阶段特征

调整迁移阶段的特征表现为迁移人数不稳定和迁移速度减缓。从旅游地来看，处于调整迁移阶段的旅游劳务移民确定性有所下降，对未来发展前途表示担忧，并部分呈现出“回迁”的现象，呈现出调整的特征。从劳务迁出地来看，处于调整迁移阶段的旅游劳务移民吸引力有所下降，从而引发对迁移的顾虑。从个人倾向性来看，处于调整迁移阶段的旅游劳务移民的倾向性变得模糊，对旅游地和旅游迁出地的变化表示抱怨，呈现出对迁移期望值不稳定的特点。

3. 影响因素

影响旅游劳务移民调整的主要因素包含以下三个方面。一是政府管理。当旅游劳务移民发展到一定程度时，政府的态度就变得至关重要。好的政府管理将引导旅游劳务移民有序发展，增添发展活力；差的政府管理将引发人群之间的矛盾，扩大移民和社区居民的隔阂。二是社区态度。社区居民对旅游劳务移民的态度会直接作用于劳务迁出地对旅游地的选择意愿，进而影响到旅游劳务移民的发展进程。三是旅游发展。旅游业的持续发展是旅游劳务移民规模持续扩大的重要源泉。不断激发旅游业的发展活力，不仅将扩大现有的迁移规模，也会为旅游劳务移民提供一个更为光明的前景。

三、旅游劳务移民表现形式

根据 Blalock 等提出的关于人口迁移的“双流动”理论[92]可知，人口流动可划分为地理流动和社会流动，地理流动可促进社会流动，两者存在先后顺序，是先地理流动、后社会流动的过程。但是，目前很少有学者将两者联系起来分析。本书根据该理论，结合“相对剥夺感”理论，将旅游劳务移民划分为空间迁移和社会迁移，认为空间迁移和社会迁移存在相互作用和相互联系（图 3-4）。

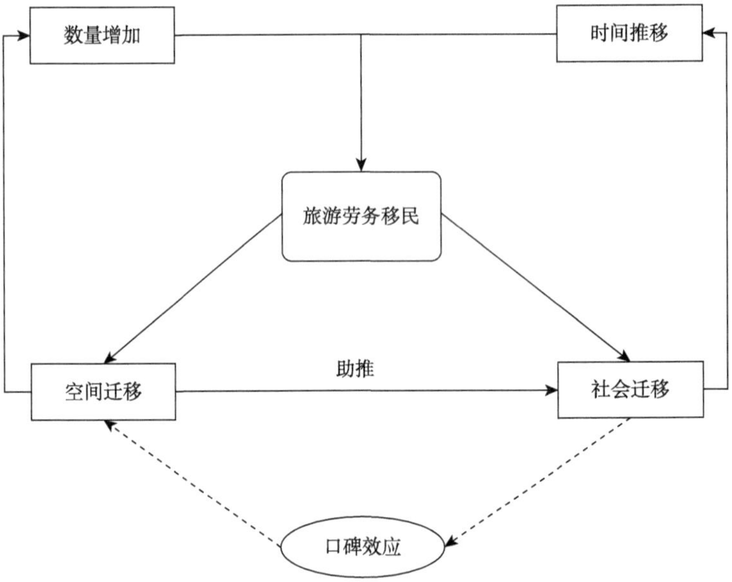

图 3-4　旅游劳务移民空间迁移和社会迁移相互作用

（一）空间迁移

空间迁移是旅游劳务移民的基本表现形式。

1. 基本内涵

空间迁移是旅游劳务移民过程中的空间移动过程。空间迁移是从迁出地来到旅游地的过程，主要表现为旅游劳务移民的前期阶段，即“要不要来”的层面。空间迁移主要包括不同空间之间的位置变动，范围可大可小，从“经济人”的视角做出判断，在实际工作中包含乡镇之间、县域之间、省域之间、国家之间的空间迁移过程。空间迁移的结果是旅游劳务移民的数量变化，在实际统计中通常使用“流动人口”“暂住人口”等指标来表现。

2. 作用方式

空间迁移的作用通过影响迁入意愿来实现。当空间迁移的作用得以发挥，将会有更多人口离开原有聚集区，迁入旅游地的意愿提升，从而扩大旅游劳务移民的数量。空间迁移是不同空间之间的移动，通常会对旅游地空间利用产生影响。其中，对经济的影响来源于旅游劳务移民的固有属性，劳务目的包含对旅游地经济发展的促进意义；对环境的影响来源于人口聚集，即人口的大量聚集对一个地方的原有生活空间产生影响，会产生拥挤等负面影响。

（二）社会迁移

社会迁移是旅游劳务移民的附属表现形式。

1. 基本内涵

社会迁移是旅游劳务移民过程中的社会适应过程。社会迁移是在旅游地逐步融入的过程，主要表现为旅游劳务移民的后期阶段，即“要不要留”的层面。社会迁移包括的内容较为复杂，即从“社会人”视角对旅游劳务移民进行分析，主要包括社会层面和文化层面的迁移过程，具体为社会地位、社会消费、民族文化等方面。社会迁移的结果是旅游劳务移民的时间变化，在实际统计中通常使用“迁入率”“净迁移率”“暂住时间”等指标来表现。

2. 作用方式

社会迁移的作用通过影响迁出意愿来实现。当社会迁移的作用得以发挥，迁出旅游地意愿下降，更多人愿意长期留在旅游地，从而延长旅游劳务移民的时间。社会迁移包含不同社区之间的流动，通常会对旅游地具体功能产生影响。其中，对社会的影响源于社会迁移的固有属性，即不同社会之间的迁移流动必然会对目的地社会产生影响；对文化的影响源自人的文化属性，每个个体不仅仅是一个存在的物理个体，更代表着一种文化方式，迁移带来的文化碰撞必然会对文化产生影响。

（三）关系探讨

1. 相互关系

空间迁移和社会迁移存在相互关系。首先，空间迁移总是先于社会迁移发生。对于任何一个旅游地来说，旅游劳务移民总是先发生空间迁移，后发生社会迁移。换言之，旅游劳务移民总是先来到旅游地，之后才会与旅游地发生社会关系。其次，空间迁移规模总是大于社会迁移。不可否认，社会迁移是必然要发生的过程，但并不是所有空间迁移人群总是倾向于社会迁移，也可能倾向于不社会迁移，由此导致空间迁移规模总是大于社会迁移。最后，空间迁移和社会迁移总是相互影响。毫无疑问，空间迁移必然会增加社会迁移，此关系已得到众多学者验证；同时，社会迁移也会通过口碑效应，进一步提升空间迁移。例如，部分旅游劳务移民的社会融入会扩大旅游地作为迁入地的知名度和受欢迎度，从而实现空间迁移的增加。

2. 作用关系

旅游劳务移民不仅是一个“经济人”，也是一个“社会人”，其过程不仅会发生空间位置上的变动，也会引起旅游地社会和文化的变动。在对旅游劳务移民的作用上，空间迁移的扩大将导致旅游劳务移民的数量增加；社会迁移的扩大将导致旅游劳务移民在旅游地居留时间延长；空间迁移和社会迁移共同构成了旅游劳务移民，分别决定了旅游劳务移民的数量和时间，两者通过增加旅游劳务移民的数量和时间，提升旅游地对旅游劳务移民的吸引力。

四、本章小结

本章研究内容可以概括为以下三个方面。

首先，本章对旅游劳务移民的基本含义进行了探讨，对旅游劳务移民进行了界定，得出旅游劳务移民具有旅游驱动性、目的劳务性、过程动态性和时间长期性四个基本特征，并依据空间范围、居留时间、所处职位和迁移动机进行分类，得出存在固定分布、季节分布和环形分布三种形态。

其次，关于旅游劳务移民的发展演化，得出旅游劳务移民发展演化会伴随着旅游地生命周期发生变化，可划分为零散迁移阶段、规模迁移阶段和调整迁移阶段三个阶段。零散迁移阶段是旅游劳务移民数量很少且迁移路径不明显的阶段，特征是迁移人数较少和迁移速度较慢，主要受旅游地知名程度、经济差异和本地规模的影响；规模迁移阶段是旅游劳务移民数量很多且迁移路径明显的阶段，特征是迁移人数较多和迁移速度较快，主要受旅游地工作机会、预期收入、社区关系的影响；调整迁移阶段是旅游劳务移民已进入停滞期并出现衰退现象的阶段，特征是迁移人数不稳定和迁移速度减缓，主要受旅游地政府管理、社区态度和旅游发展的影响。

最后，关于旅游劳务移民的表现形式，得出旅游劳务移民存在空间迁移和社会迁移两种表现形式。空间迁移是旅游劳务移民过程中的空间移动过程，通过影响迁入意愿来实现；社会迁移是旅游劳务移民过程中的社会适应过程，通过影响迁出意愿来实现。空间迁移和社会迁移是相互促进的关系，分别对旅游劳务移民的数量和时间发生作用，两者相互作用将决定旅游劳务移民的数量和时间，提升旅游地对旅游劳务移民的吸引力。

第四章　旅游劳务移民行为特征

本章旨在对旅游劳务移民现状及其行为特征进行分析，主要回答“旅游劳务移民怎么样”的问题。首先，本章对调查对象进行人口学分析，了解古城外地旅游劳务人口和旅游劳务移民的现状；其次，本章结合丽江大研古城统计数据，对旅游劳务移民的总体状况进行分析；再次，本章分析了旅游劳务移民的经营情况；最后，本章结合旅游劳务移民的调研情况，分析了旅游劳务移民的空间迁移和社会迁移特征。

一、人口学特征分析

2020 年 10 月和 11 月，调研团队两次前往丽江大研古城开展问卷调查，获取研究数据。由于研究对象（丽江大研古城景区旅游劳务移民）的总体数量缺少确切的统计数据，因此采用了非随机的判断式抽样方法进行样本选取。这种抽样方法要求研究者根据研究目标和研究问题来确定抽样标准。参照旅游劳务移民的技术性定义[46]，同时考虑到新冠疫情可能对案例地和研究对象造成的影响，最终确定样本选择的标准为离开户口所在地，并在丽江从事旅游及相关行业工作满一年以上，对疫情发生前后的案例地状况均有亲身感受的旅游劳务移民。并且，在问卷发放和问卷填写过程中，调查人员均要提醒被调查者综合考虑疫情发生前后的状况来填写问卷[30]。两次调查共发放调查问卷 600 份，回收 501 份，回收率为 83.5%。

根据前文对旅游劳务移民技术性定义的界定，旅游劳务移民必须满足时间和空间两项条件，如仅满足空间条件（空间上跨越县区），而未满足时间条件（时间长于 6 个月），将之称为外地旅游劳务人口。对大研古城外地旅游劳务人口和旅游劳务移民进行人口学特征分析，主要从性别结构、年龄结构、受教育程度、职业分布、家乡分布、户口迁移状况等方面展开。

（一）性别结构

从性别结构（图 4-1）来看，在古城外地旅游劳务人口中，56.4%为女性，43.6%为男性，女性多于男性；通过交叉分析，在古城旅游劳务移民中，55.22%为女性，44.78%为男性，女性多于男性。

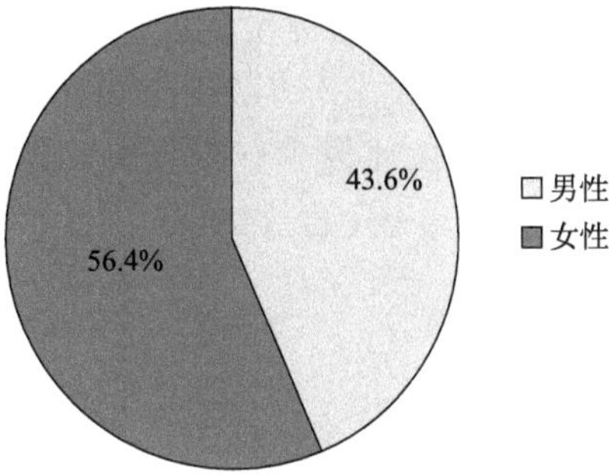

图 4-1　古城旅游劳务移民性别分布

资料来源：根据古城调研情况制作

（二）年龄结构

从年龄结构来看（图 4-2），在古城外地旅游劳务人口中，21~30 岁为大多数，占比 56.4%；31~40 岁占比 27.9%；通过交叉分析，在古城旅游劳务移民中，21~30 岁占比 52.24%，31~40 岁占比 32.09%。这说明，古城由 21~40 岁的年轻人主导，外地旅游劳务人口和旅游劳务移民均占有很大比例，其他年龄段的人口相对较少；也说明，旅游发展能够为本地带来更多的年轻人，提升本地居民人口结构的年轻化水平。

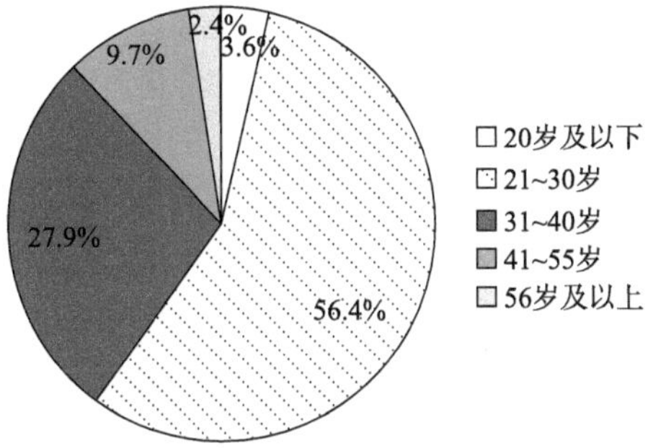

图 4-2　古城旅游劳务移民年龄分布

资料来源：根据古城调研情况制作

（三）受教育程度

从受教育程度来看（图 4-3），在古城旅游劳务移民中，初中及以下占 17.6%，高中或中专占 49.7%，本科或大专占 29.7%，硕士研究生及以上占 3.0%；通过交叉分析，在旅游劳务移民中，初中及以下占 18.66%，高中或中专占 50.75%，本科或大专占 27.61%，硕士研究生及以上占 2.99%。这说明，外地旅游劳务人口和旅游劳务移民受教育程度普遍为高中或中专，本科或大专排名第二，初中及以下的占比和更高学历的占比较少；也说明，旅游职业对学历的要求不高，对不同受教育程度的群体均有一定程度的吸引力，对低学历人群的吸引力强于高学历人群。

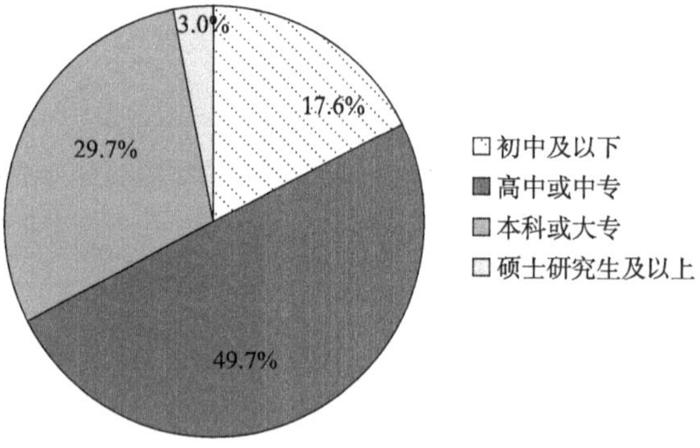

图 4-3 古城旅游劳务移民受教育程度分布
资料来源：根据古城调研情况制作

（四）职业分布

从职业分布来看（图 4-4），在外地旅游劳务人口中，自由从业者占比最高，为 49.1%，旅游相关行业占比 20.0%，学生占比 19.4%；通过交叉分析，在旅游劳务移民中，自由从业者占比 49.25%，旅游相关行业占比 20.9%，学生占比 20.9%。这说明，旅游职业自由性特点深受自由从业者喜爱，是外地旅游劳务人口和旅游劳务移民的重要来源；同时，旅游职业对学生有较强的吸引力，尤其对于来丽江旅游的学生来说，丽江成为很多学生的向往之地。

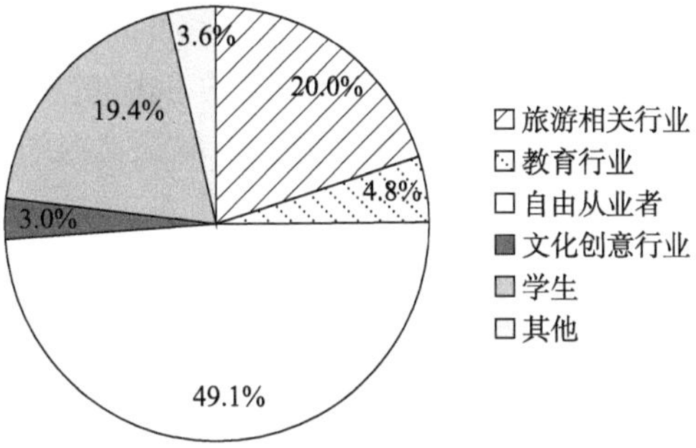

图 4-4　古城旅游劳务移民职业分布

各项百分比之和不等于100%是因为四舍五入

资料来源：根据古城调研情况制作

（五）家乡分布

从家乡分布状况来看（图 4-5），在外地旅游劳务人口中，丽江市其他县区占 4.5%，云南省其他州市占 38.8%，四川、重庆、广西、贵州占 15.5%，其他省区及国外占 41.2%；通过交叉分析，在旅游劳务移民中，丽江市其他县区占 2.99%，云南省其他州市占 35.82%，四川、重庆、广西、贵州占 14.93%，其他省区及国外占 46.27%。这说明，古城外地旅游劳务人口和旅游劳务移民表现为明显的外向型，省外旅游劳务移民多于省内旅游劳务移民。

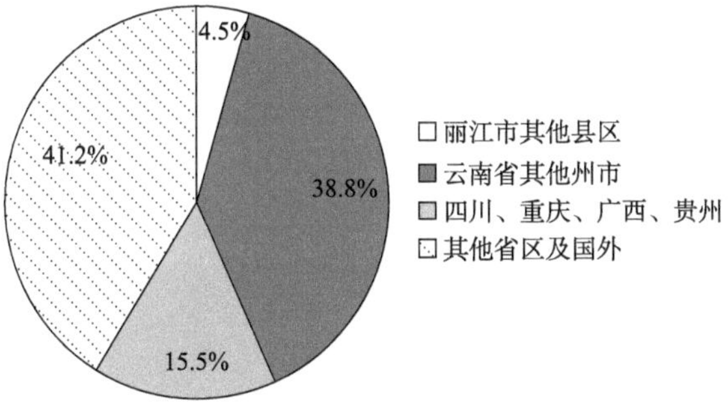

图 4-5　古城旅游劳务移民家乡分布

资料来源：根据古城调研情况制作

（六）户口迁移状况

从户口迁移状况来看（图 4-6），在古城外地旅游劳务人口中，户口迁移到丽江的占比为 7.9%，未迁移户口人群达到了 89.7%；通过交叉分析，在旅游劳务移民中，户口迁移到丽江的占比为 8.21%，未迁移户口的人群达到了 90.3%。这说明，古城外地旅游劳务人口和旅游劳务移民约 90%的人口不愿意迁移户口，2020 年的户口迁移率大概为 8%。究其原因，古城虽然旅游得到了发展，但政府财政收入较少，对医疗、教育等公共服务的投入较少，使得公共服务设施较差。

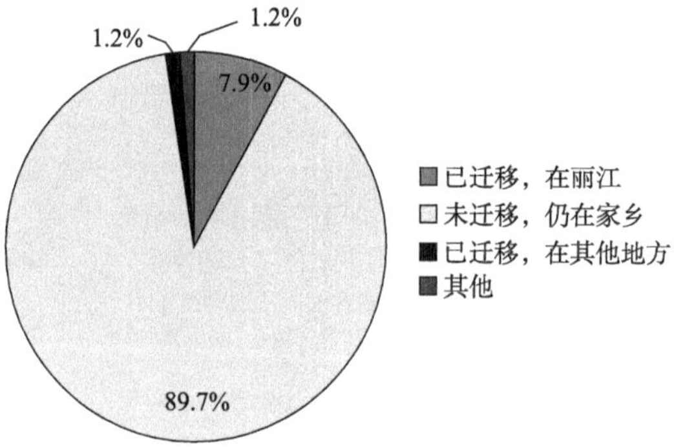

图 4-6　古城旅游劳务移民户口迁移状况

资料来源：根据古城调研情况制作

二、旅游劳务移民流动特征分析

为对旅游劳务移民人数进行准确分析，采用统计数据与调研数据结合的方式进行分析，以准确得出旅游劳务移民迁移人数。需要特别说明的是，由于数据限制，本书仅选取丽江古城区的大研街道、祥和街道、西安街道、束河街道、七河乡、大东乡、金山白族乡、金江白族乡和金安镇作为研究对象。其中，除大研街道对应古城派出所外，其他均归对应的派出所。

（一）人口迁移分析

根据古城区人口迁移情况，采用人口学中使用的迁出率、迁入率、净迁移率三个指标，对古城人口迁移情况进行衡量。

1. 迁出率

迁出率代表本地居民迁出的水平，可在一定程度上反映本地居民被旅游劳务移民挤出的情况。由图 4-7 可知，大研街道人口迁出率常年仅次于西安街道，维持较高水平。从各乡镇（街道）的数据来看，古城区迁出率基本维持在 1.43%左右，西安街道和大研街道迁出率常年高于古城区，分别为2.97%和1.59%，其他乡镇（街道）除个别年度较高外，均低于古城。究其原因，主要是经济发展水平在发生作用，同时旅游发展水平也有一定影响。西安街道是丽江市和古城区政府的所在地，经济条件在古城区中处于最高水平，迁出率常年维持在高水平状态；大研街道拥有古城的“心脏”，旅游经济发展迅速，在大量的外地居民来到古城经营之后，很多本地居民选择迁出。因此，从古城区迁出率可以得出，旅游发展水平对人口迁移有一定影响，但主要影响因素为经济发展水平。

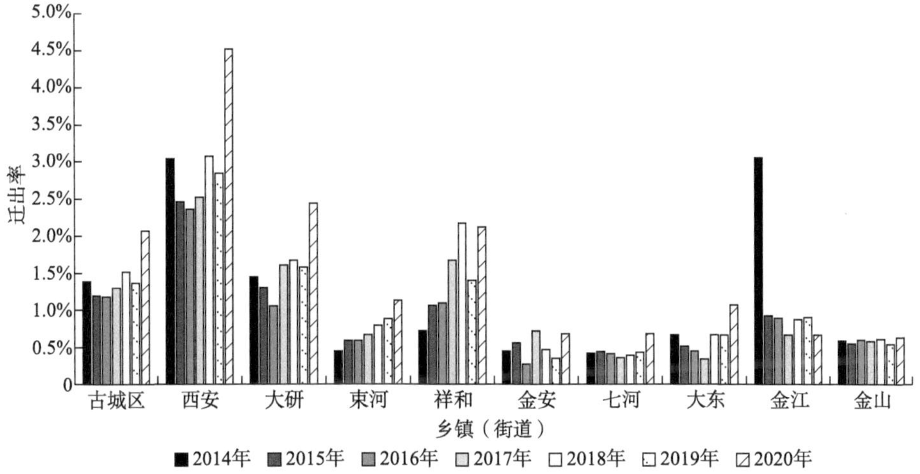

图4-7　2014~2020年古城区及各乡镇（街道）迁出率

资料来源：根据丽江市公安局古城分局提供资料制作

2. 迁入率

迁入率代表外地居民迁入的水平，可在一定程度上反映旅游劳务移民迁入的情况。由图4-8可见，古城迁入率不高，存在“借位迁入”。古城区整体迁入率变化不大，祥和街道和東河街道迁入率明显高于其他乡镇（街道）。从具体数值来看，古城区迁入率维持在1.69%左右，呈现波动上升的态势；西安街道、祥和街道、東河街道常年迁入率高于平均水平；大研街道常年迁入率低于平均水平。究其原因：作为丽江重要的政治中心，西安街道的教育、医疗等公共设施较为齐全，吸引力较大，常年迁入率维持在较高水平；東河街道是丽江旅游发展的“新热点”，吸引力大，人口迁入率较高；大研街道由于古城保护的要求，管理较为严格，迁入率常年维持在较低水平，为0.62%，但根据调研发现，很多人选择迁入到大研街道周边社区，以实现借位迁入；祥和街道靠近大研街道，拥有“祥和居住，大研工作”的便利，成为古城迁入的首选地。因此，旅游发展可能增加地区的吸引力，增强地区的人口吸引力，推动地方经济发展。

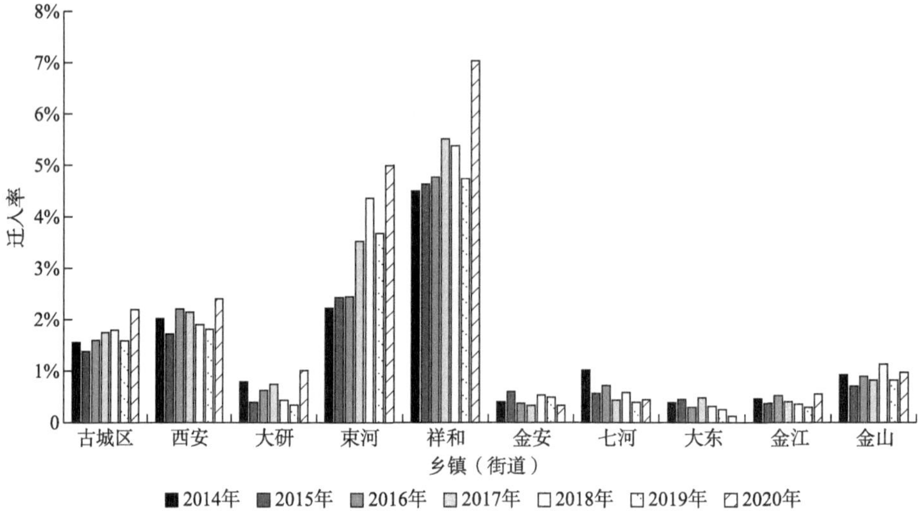

图 4-8　2014~2020 年古城区及各乡镇（街道）迁入率

资料来源：根据丽江市公安局古城分局提供资料制作

3. 净迁移率

由图 4-9 可见，古城净迁移率整体呈现下行趋势，常年维持在正值，存在“潮汐流动”现象。从数值来看，祥和街道和束河街道是净迁移率最高的区域，表明这两个区域的人口呈现净迁入状态，大研街道为净迁出状态。从空间上来看，与大研街道相比，束河街道正处于旅游发展的上升期，既拥有舒适的生活环境，又能避免过度商业化袭扰，成为旅游人口迁入的首选。同时，由于大研街道已经被充分开发，居住空间大多已被开发为旅游者空间，不具备迁入条件，故而旅游劳务移民大多将户口迁入大研街道周边社区，通常选择在祥和街道居住、在大研街道工作，形成大研街道独特的“潮汐流动”现象，即“祥和居住，大研工作”。因此，从古城区及各乡镇（街道）的净迁移率来看，旅游发展已经成为决定古城区人口净迁移率正负的关键性因素。

4. 交叉验证分析

借助 SPSS 软件，对旅游劳务移民居留时间和户籍变动进行交叉分析（表 4-1）可知，在旅游劳务移民中，除去 6 个月以下的部分，44 人已迁移户口至丽江；484 人没有迁移户口，户口仍在家乡；8 人户口发生了变动，但并没有迁移到丽江。旅游劳务移民要满足两个条件：一是从事旅游工作；二是居留时间超过 6 个月。由于本地调研的对象均为从事旅游工作的人口，已满足第一个条件，故对具体居留时间进行分析，需满足第二个条件。从户口变动比率来看，古城旅

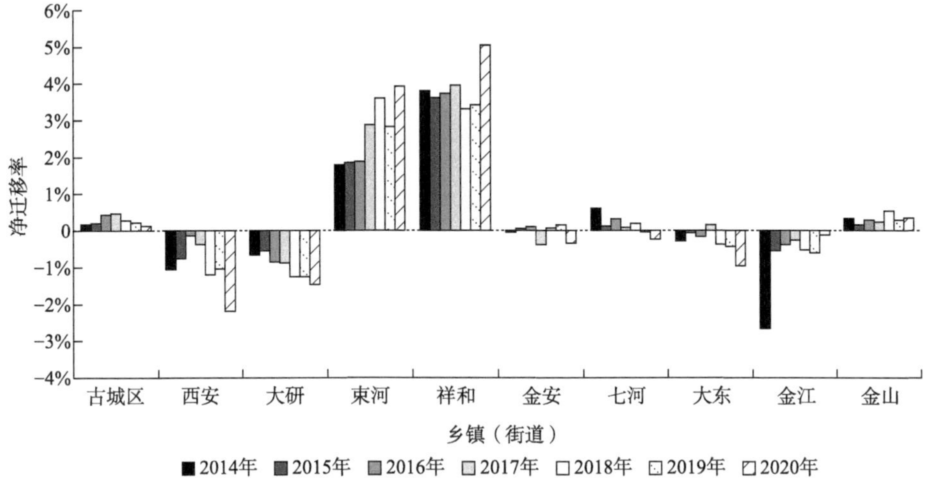

图 4-9　2014~2020 年古城区及各乡镇（街道）净迁移率

资料来源：根据丽江市公安局古城分局提供资料制作

游劳务迁移的户口迁移率为 8.21%，即 100 个移民中有 8 个人以上会选择迁入户口。该数据与以上迁入率数据基本一致，等于祥和街道和大研街道迁入率之和，为 8%左右。因此，通过两种渠道数据交叉验证，大研街道旅游劳务移民户口迁入的比率为 8%左右，即丽江旅游劳务移民中 100 人大致有 8 个人选择将户口迁入丽江。由于社会迁移与迁入率密切相关，也可以说，社会迁移的比例大致为 8%。

表 4-1　旅游劳务移民居留时间和户籍变动交叉分析表

居留时间	已迁移，在丽江	未迁移，仍在家乡	已迁移，在其他地方
6 个月以下	8	108	8
6 个月到 1 年	8	44	0
1 年以上	36	440	8
总计	52	592	16

资料来源：根据古城调研情况制作

综上可得，大研街道人口迁出率处于高值，迁入率呈现低值，净迁移率为负值，户口迁入率为 8%左右。从迁移结果来看，古城存在“借位迁入”现象，即借迁入古城周边社区，以实现落户古城的目的；同时，由于“借位迁入”现象的出现，大研街道出现了“潮汐流动”现象，即户口在大研街道周边社区，工作在大研街道。另外，经济发展是古城区人口迁出的主要因素，旅游发展是古城区人口迁入的主要因素，也是古城区人口净迁移率的决定性因素。在丽江人口迁移过程中，旅游发展扮演着重要角色，甚至从某种意义上说，旅游发展是古城区城镇化建设的重要推动力量。

（二）人口流动分析

在地方管理实践中，人口流动情况通常借助“暂住人口管理”体现出来，即已经办理“暂住证”的人口总数，该数据只有县级层面的数据，无乡镇（街道）层面数据。为对人口流动情况进行分析，采用整个区域的流动人口总数、流动人口居留时间和流动人口从事职业等数据对旅游劳务移民进行整体分析，再根据古城人口情况，对古城旅游劳务移民情况进行分析。

1. 流动人口总数

根据暂住人口占总人口的比重可知，丽江古城区人口流动比例逐年上升，已达到46.342%。如图4-10所示，从暂住人口数量来看，2018年为53 837人，2019年为65 965人，2020年为74 939人，基本保持每年增加1万人的趋势。

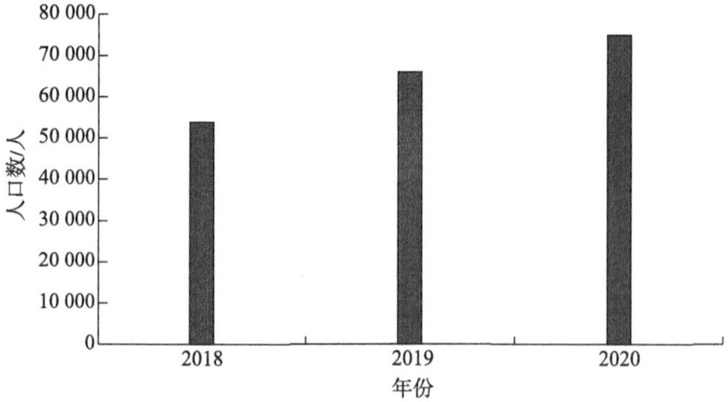

图4-10　2018~2020年古城区暂住人口数量

资料来源：根据丽江市公安局古城分局提供资料制作

2. 流动人口居留时间

根据古城区暂住人口变化情况（图 4-11）可得，古城所在区域人口流动情况与旅游发展密切相关，但存在“五年之痒”现象。其中，暂住 1 年到 5 年的人口比例最高；暂住 6 个月以下向暂住 6 个月到 1 年以及暂住 6 个月到 1 年向暂住 1 年到 5 年的转化率较高，而暂住 1 年到 5 年向暂住 5 年以上的转化率较低。由此可以发现，古城区人口流动存在“五年之痒”，即古城区流动人口大多会居住 1 年以上，但很少居住 5 年以上。古城区是典型的旅游目的地，其人口流动与旅游发展也密切相关，会随着旅游发展而变化，同时也会随着个人喜好发展变动。来到古城区的流动人口，6 个月以下的流动人口大部分会选择继续住下去，直至达到 1 年，但 1 年之后，随着个人理想与现实的激荡，大多数人很难坚持到 5 年以上，通常仅有少于三分之一的人口会继续选择留在丽江。

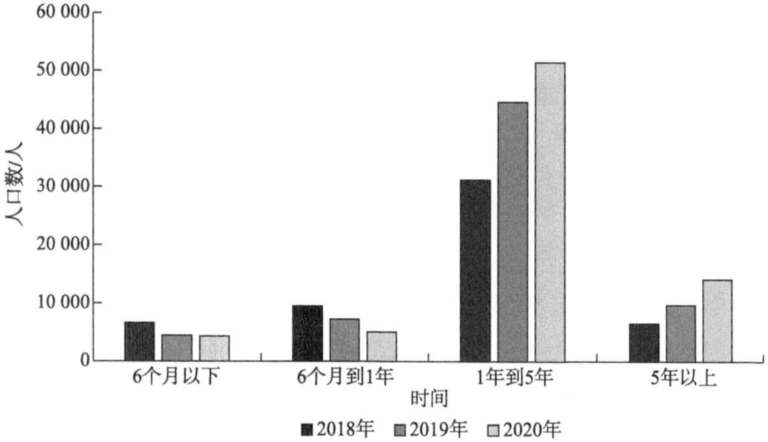

图 4-11　2018~2020 年古城区暂住人口变化情况

资料来源：根据丽江市公安局古城分局提供资料制作

3. 流动人口从事职业

由于地方并未对外地劳务人口进行直接统计，故选择使用暂住人口中与劳务相关的务工、投资经商和服务三个指标进行分析（图 4-12）。其中，务工包含从事制造、交通运输等行业；投资经商是指在城镇范围内从事二、三产业并持有工商营业执照的人员；服务是指从事住宿和餐饮等行业的人员。

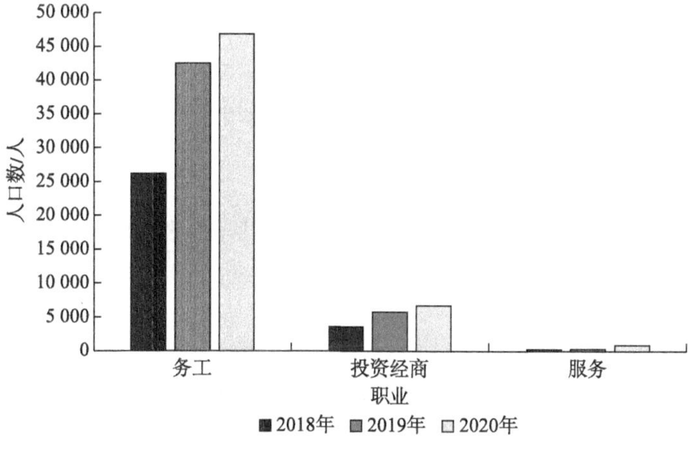

图 4-12　2018~2020 年古城区劳务移民情况

资料来源：根据丽江市公安局古城分局提供资料制作

从图 4-12 中可看出，古城区外地劳务人口逐年增加，从事“务工”人口比例最高，从事“服务”的人口主要为本地居民。其中，从事“务工”的人员处于领先地位，主要从事最基本的工作，但由于其中包含采矿和建筑等人员，参考价值不大；从事“投资经商”的位列第二，处于相对较高的水平；从事“服务”的人数较少，有 1 000 人左右。从中可以看出，外地居民来到古城区，更多的是“务工”，在古城内客栈、商铺务工，很少直接从事“服务”工作；同时也可以说明，古城区从事“服务”的人口主要为本地居民人口，故未在暂住人口登记之列。

（三）移民分析

借助 SPSS 25 软件，对旅游劳务移民居留时间进行分析可知，古城旅游劳务移民占比 81.21%。其中，居留时间在 6 个月到 1 年的移民占比 7.88%；居留时间在 1 年以上的移民占比 73.33%。根据统计结果，有 536 人在古城居留时间超过 6 个月，为旅游劳务移民，占比为 81.21%（表 4-2）。该数据与丽江古城保护管理局提供的数据大致相同，即有 80%以上的人口为旅游劳务移民。因此，通过两种途径的交叉验证，古城旅游劳务移民所占比例大致为 81.21%。由于社会迁移与实际的迁移人数密切相关，因此可以推断，空间迁移的比例大致也为 81.21%。

表 4-2　古城旅游劳务移民比例

居留时间	人数	比例
6 个月以下	124	18.79%
6 个月到 1 年	52	7.88%
1 年以上	484	73.33%
总计	660	100.00%

资料来源：根据古城调研情况制作

三、旅游劳务移民从业特征分析

从古城区移民情况分析来看，移民与旅游发展密切相关。那么，丽江旅游劳务移民发展得怎么样呢？通过与丽江古城保护管理局座谈发现，目前并未对外地居民和本地居民进行区分调查，仅得知 80%以上的经营户为外地居民。因此，古城经营户的分析对了解古城旅游劳务移民基本情况具有重要的参考意义。

（一）经营变化分析

由图 4-13 可知，除去新冠疫情因素，古城经营户呈现上升趋势，但由于 2019 年的约束性管理，住宿类、餐饮类、酒吧类均呈现一定程度的下降趋势。从具体数值来看，住宿类数量从 2017 年的 1 237 户扩大到 2020 年的 1 575 户；酒吧类数量从 2018 年的 160 户降低到 2020 年的 137 户。由于 2020 年疫情的影响，古城总户数呈现下降趋势，但住宿类和餐饮类经营仍然呈现出增加趋势，带动了整个旅游经济的复苏。因此可以得出两个结论：丽江旅游发展具有强劲的恢复力，已在某些方面超过疫情之前的情况；同时，丽江客栈业是旅游发展过程中的重要组成部分。

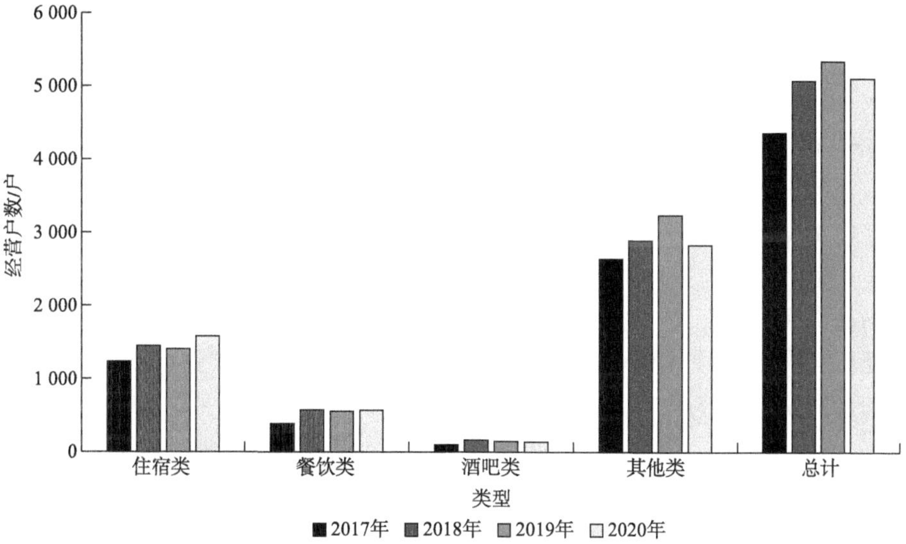

图 4-13　2017~2020 年古城经营变化

资料来源：根据丽江古城保护管理局提供资料制作

（二）经营类型分析

由图 4-14 可知，古城主要经营类型为商品零售类，住宿类、餐饮类和酒吧类位于第二梯队。从 2020 年详细数据来看，古城商品零售类、住宿类、餐饮类和酒吧类所占比例为 53.4%、30.8%、11.1%和 2.7%。商品零售类占据所有经营类型的一半以上，住宿类占据约三分之一，是古城发展最好的两个经营类型。

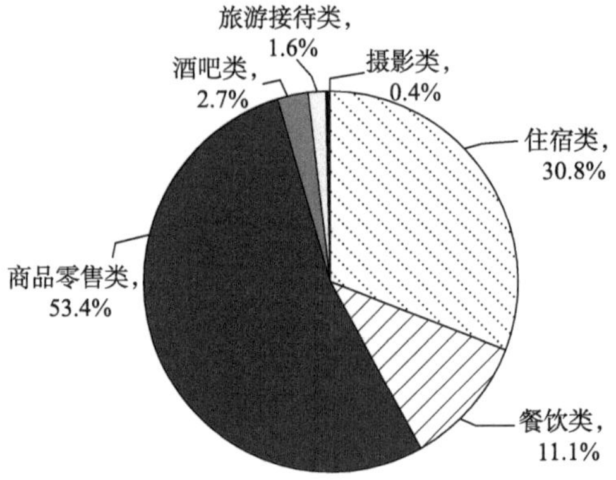

图 4-14　2020 年古城经营类型分布图
资料来源：根据丽江古城保护管理局提供资料制作

丽江旅游劳务移民主要从事住宿类和餐饮类工作。从总的从业人口来看，2017 年从业人员为 17 000 人；2018 年为 18 922 人；2019 年为 19 551 人；疫情原因，2020 年大致为 5 570 人。从人口从业类型来看，酒吧类从业人员总数少，但吸纳就业能力强。其中，从具体从业人员总数来看，其他类人员较多，住宿类次之，餐饮类和酒吧类较少（图 4-15）；但从吸纳从业人员的数量来看，住宿类吸纳从业人员的比例为 1∶4；餐饮类吸纳从业人员的比例为 1∶5；酒吧类吸纳从业人员的比例为 1∶10；其他类吸纳从业人员的比例为 1∶3。因此可以看到，平均一个酒吧能够吸纳 10 个人就业，是旅游地最具吸纳就业人口的行业，而当地雇主与雇员的比例高于 1∶3。

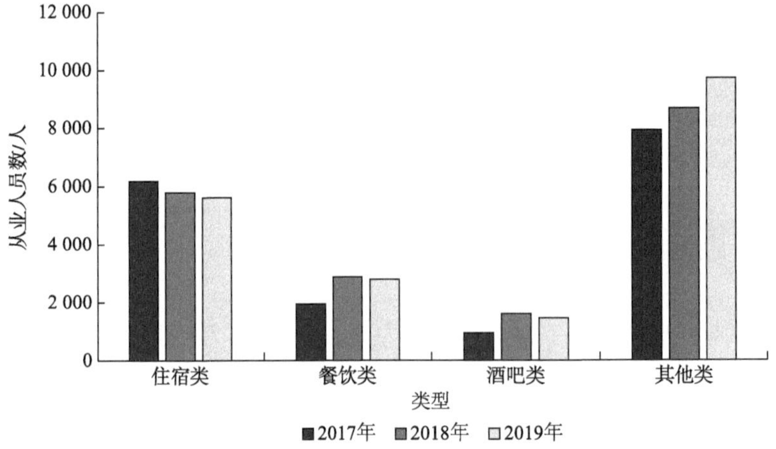

图 4-15　2017~2019 年古城从业人员分布
资料来源：根据丽江古城保护管理局提供资料制作

（三）迁移从业分析

借助 SPSS 25 软件，对旅游劳务移民居留时间和经营类型进行交叉分析（表 4-3）可知，旅游劳务移民经营分布类型为商品零售类>住宿类>餐饮类。在旅游劳务移民中，100 人从事餐饮类工作，占比 18.66%；164 人从事住宿类工作，占比 30.60%；216 人从事商品零售类工作，占比 40.30%；8 人从事酒吧类工作，占比 1.49%；16 人从事旅行社类工作，占比 2.99%；32 人从事其他类工作，占比 5.97%。其中，商品零售类占比最高，住宿类和餐饮类次于商品零售类工作，与丽江古城保护管理局提供的数据基本一致。

表 4-3　旅游劳务移民居留时间和经营类型交叉分析表

居留时间	餐饮类	住宿类	商品零售类	酒吧类	旅行社类	其他类	总计
6 个月以下	28	24	60	0	4	8	124
6 个月到 1 年	20	16	16	0	0	0	52
1 年以上	80	148	200	8	16	32	484
总计	128	188	276	8	20	40	660

资料来源：根据古城调研情况制作

四、旅游劳务移民迁移特征分析

从空间迁移和社会迁移两个角度对旅游劳务移民特征进行分析。

（一）空间迁移特征分析

为分析古城旅游劳务移民空间迁移状况，采用交叉分析，对旅游劳务移民的迁移动机、迁移途径、返乡模式等方面进行分析。

1. 迁移动机

借助 SPSS 25 软件，对旅游劳务移民居留时间和迁移动机进行交叉分析（表 4-4）可知，在旅游劳务移民中，源于生活方式的有 96 人，占比 17.91%；源于工资收入的有 52 人，占比 9.70%；源于工作调动的有 28 人，占比 5.22%；源于个人理想的有 300 人，占比 55.97%。因此，个人理想是最主要的迁移动机。

表 4-4　旅游劳务移民居留时间和迁移动机交叉分析表

居留时间	生活方式	工资收入	工作调动	个人理想	其他	总计
6 个月以下	32	8	4	68	12	124
6 个月到 1 年	12	0	4	28	8	52
1 年以上	84	52	24	272	52	484
总计	128	60	32	368	72	660
移民	96	52	28	300	60	536
迁移比例	17.91%	9.70%	5.22%	55.97%	11.19%	100.00%

资料来源：根据古城调研情况制作

2. 迁移途径

借助 SPSS 25 软件，对旅游劳务移民居留时间和迁移途径进行交叉分析（表 4-5）可知，在旅游劳务移民中，为了打工谋生的有 88 人，占比 16.42%；为了工作调动的有 36 人，占比 6.72%；为了改变环境的有 116 人，占比 21.64%；为了实现理想的有 260 人，占比 48.51%。因此，实现理想是最主要的迁移途径。

表 4-5　旅游劳务移民居留时间和迁移途径交叉分析表

居留时间	打工谋生	工作调动	改变环境	实现理想	其他	总计
6 个月以下	20	8	20	64	12	124
6 个月到 1 年	8	4	4	28	8	52
1 年以上	80	32	112	232	28	484
总计	108	44	136	324	48	660
移民	88	36	116	260	36	536
迁移比例	16.42%	6.72%	21.64%	48.51%	6.72%	100.00%

资料来源：根据古城调研情况制作

3. 返乡模式

借助 SPSS 25 软件，对旅游劳务移民居留时间和返乡模式进行交叉分析（表 4-6）可知，在旅游劳务移民中，节假日返回的有 104 人，占比 19.40%；淡季返回的有 260 人，占比 48.51%；不返回的有 64 人，占比 11.94%。因此，大部分旅游劳务移民会选择返乡，并且通常会选择淡季返回家乡。

表 4-6　旅游劳务移民居留时间和返乡模式交叉分析表

居留时间	节假日返回	淡季返回	不返回	其他	总计
6 个月以下	36	44	20	24	124
6 个月到 1 年	8	20	4	20	52
1 年以上	96	240	60	88	484
总计	140	304	84	132	660
移民	104	260	64	108	536
迁移比例	19.40%	48.51%	11.94%	20.15%	100.00%

资料来源：根据古城调研情况制作

从古城旅游劳务移民状况来看，整体呈现出女性比例高、年轻从业者比例高、受教育程度分布广泛、自由从业者多、外地经营者多、迁移率低的特点；古城旅游劳务移民所占比例大致为 81.21%，省外多于省内，经营类型呈现商品零售类>住宿类>餐饮类的特点，户口迁入率为祥和街道和大研街道迁入率之和（2020 年为 8%），多因个人理想来到旅游地，通常选择淡季返回家乡。

（二）社会迁移特征分析

对于旅游劳务移民来说，迁移之后的社会融入是一个重要的问题，故需要对其社会融入情况进行分析。

1. 居留意愿

从表 4-7 可知，旅游劳务移民居留意愿与居留时间呈现倒 U 形关系。从移民与非移民来看，移民比非移民更愿意长期居留；从居留时间来看，旅游劳务移民的居留意愿会先上升，后下降。与丽江市公安局古城分局数据相同，旅游劳务移民在居住一年之上时便会考虑是不是要继续留下来。

表 4-7　旅游劳务移民居留意愿分析表

居留时间	愿意	不愿意
6 个月以下	64.52%	35.48%
6 个月到 1 年	84.62%	15.38%
1 年以上	77.69%	22.31%

资料来源：根据古城调研情况制作

2. 工作意愿

从表 4-8 可知，旅游劳务移民工作意愿与居留时间呈现正 U 形关系。尽管调研时间为2020年，丽江旅游业发展正处于恢复期，生意并不是很好，但旅游劳务移民对未来仍然充满希望，尤其是6个月以下和1年以上的旅游劳务移民，他们觉得本地非常适合发展。

表4-8　旅游劳务移民工作意愿分析表

居留时间	适合，发展环境很好	适合，未来发展很好	不适合，商业化太重	其他
6个月以下	41.94%	35.48%	12.90%	9.68%
6个月到1年	38.46%	30.77%	23.08%	7.69%
1年以上	43.80%	33.06%	6.61%	16.53%

资料来源：根据古城调研情况制作

3. 融入意愿

从表4-9可知，旅游劳务移民融入意愿与居留时间呈现正U形关系。大部分旅游劳务移民均认为本地居民热情好客，呈现出民族地区的高融洽性；但同时也可以看到，6个月以下和1年以上的人群对本地居民的评价更高。

表4-9　旅游劳务移民融入意愿分析表

居留时间	可以，本地居民热情好客	不确定，在相处之中	不可以，本地居民难以相处	其他
6个月以下	70.97%	25.81%	0	3.23%
6个月到1年	69.23%	23.08%	0	7.69%
1年以上	73.55%	22.31%	1.65%	2.48%

各项百分比之和不等于100%是因为四舍五入

资料来源：根据古城调研情况制作

从古城旅游劳务移民影响来看，旅游劳务移民对旅游地经济具有明显的促进作用的观点得到广泛认可；但其对旅游地社会、文化的发展带来了一定挑战，忽视其作用将降低旅游劳务移民的促进作用；旅游劳务移民对环境和管理的影响相对不明显，但容易引发较为强烈的冲突事件。

五、本章小结

本章研究内容可概括为以下四个方面。

首先，关于人口学特征，得出古城外地旅游劳务人口女性占大多数，年龄主要为21~40岁的青年人，受教育程度大多为高中或中专，原始职业主要为自由从业者、学生以及旅游相关行业从业者，来自省外的比例较高，大多没有迁移户口；古城旅游劳务移民与之基本相同，女性占大多数，年龄主要为 21~40 岁的青年人，受教育程度大多为高中或中专，原始职业主要为自由从业者、学生以及旅游相关行业从业者，来自省外的比例较高，大多没有迁移户口。

其次，关于旅游劳务移民人数，得出古城迁出率基本维持在 1.59%左右，迁入率维持在 0.62%左右，净迁移率为正值，但存在“祥和居住，大研工作”的现象。综合来看，2020 年丽江旅游劳务移民迁入率大致为 8%；古城暂住人口占总人口的比重逐年上升，流动人口居留时间较长，通常为 1 年至 5 年，劳务移民主要目的为务工；古城旅游劳务移民占有很大比重，大约占比 81.21%。

再次，关于旅游劳务移民从业，得出古城经营户呈现上升趋势，但由于新冠疫情和管制措施，住宿类、餐饮类和酒吧类呈现一定程度的下降趋势；古城主要经营类型为商品零售类，占比为 53.4%，住宿类、餐饮类、酒吧类紧随其后；旅游劳务移民从事商品零售类的大约为40.30%，从业类型呈现商品零售>住宿服务>餐饮服务。

最后，关于旅游劳务移民迁移特征，得出旅游劳务移民的空间迁移动机大多为个人理想，主要途径为实现理想，返乡模式大多为淡季返回家乡；旅游劳务移民的社会迁移居留意愿与居留时间呈现倒 U 形关系，工作意愿与居留时间呈现正 U 形关系，融入意愿与居留时间呈现正 U 形关系。

第五章 旅游劳务移民形成原因

本章旨在分析旅游劳务移民的形成原因，主要回答“旅游劳务移民为什么产生”的问题。首先，本章梳理了旅游劳务移民形成条件；其次，本章构建了旅游劳务移民形成影响因素研究模型；最后，本章收集并整理相关案例数据，将数据导入软件，进行单条件变量、条件变量组合分析等，分析旅游劳务移民意愿影响因素。

一、旅游劳务移民形成条件

旅游劳务移民与旅游城镇化密切相关，是旅游城镇化的重要组成部分。从旅游地角度对旅游劳务移民成因进行研究，将推动中西部地区的旅游城镇化发展，助推以县城为重要载体的城镇化建设。目前，关于旅游劳务移民最主要的解释理论为二元经济理论，即劳动力迁移最主要的因素是收入差距[125]。那么，是否有其他因素作用于旅游劳务移民呢？部分学者已经进行探讨。国外学者主要从宏观和微观两个层面进行探讨，从宏观来看，信息和通信技术、大使馆及领事馆的积极态度会影响旅游劳务移民的形成[60]；从微观来看，旅游业能够为失业人员提供避风港[58]、旅游业工作自主性[36]等是旅游劳务移民的成因。国内学者主要从初期和后期两个层面来探讨。在迁移初期，旅游劳工迁入受职业收益、职业特性、旅游地吸引、社会资本和生活方式、对现代性和相对平衡的追求[69]、文化传统、亲人关系、乡缘关系[64]、地方依恋和文化认同[68]等因素影响；在迁移后期，受职业收益、职业特性、旅游地吸引和社会资本四种动力驱动，旅游地吸引和职业收益是其较为重要的因素[63]。

综观现有研究，虽然对旅游劳务移民有了合理化解释，但仍摆脱不了二元经济理论的影响，即收入影响。然而，旅游劳务移民不仅包括传统的“从低收入地方到高收入地方”，也包括“从高收入地方到低收入地方”，突破了原有二元经济理论“从传统部门到现代部门”的解释，在发展过程中存在一定的“逆流”。从这个角度来看，旅游劳务移民的成因具有复杂性，不应该从单一因素主导来考虑，而应该从多因素作用的角度去考虑。基于此，从多因素角度对旅游劳务移民成因进行研究就显得十分必要，不仅将推动原有劳务移民理论的发展，也将为中小城市和乡村地区提供一条新的吸引人才“逆流”的途径，推动以县域为重要载体的新型城镇化建设。

但是，对于一个真实存在的旅游地来说，真正对旅游劳务移民形成产生影响的因素是什么？从这个角度思考，根据前人对旅游劳务移民形成影响因素的研究，可以发现主要有两个因素发挥作用，即旅游地条件和个体性条件。以下将从两个方面对旅游劳务移民形成条件进行分析。

（一）旅游地条件

在旅游劳务移民过程中，旅游地一直扮演着重要角色，是关系该过程是否能够正常运行的关键性因素。当旅游地对个体的相对吸引力足够大、推出力足够小时，旅游劳务移民现象才可能会发生；相反，当旅游地对个体的相对吸引力较弱、推出力足够大时，旅游劳务移民现象将不可能存在。在现实生活中，旅游地条件主要包括旅游发展、生活环境和公共服务三个方面。

1. 旅游发展

旅游发展是指旅游地能够持续吸引旅游者的能力。可以这样说，有了旅游者，才有旅游劳务移民；没有旅游者，旅游劳务移民便不可能存在。一个旅游地对旅游者失去了吸引力，那也不可能形成旅游劳务移民。旅游发展是旅游地因素中的关键性因素，直接影响旅游劳务移民的规模和结构。一个能吸引大量旅游者的旅游地，才会形成大规模的旅游劳务移民；一个能持续吸引旅游者的旅游地，才会对旅游劳务移民形成细分。旅游发展与旅游劳务移民是双向促进关系，即当旅游地持续吸引旅游者的能力得到提升，旅游劳务移民就会增加；而当旅游劳务移民增加，将会提升旅游地的旅游发展水平。当然，旅游劳务移民与旅游者之间也会产生冲突。由于劳务本身具有的获取利益的特点，旅游劳务移民规模增加会导致竞争加剧，从而导致部分旅游劳务移民对旅游者的利益需求增加，导致旅游劳务移民与旅游者之间产生冲突。

2. 生活环境

生活环境是指旅游地为旅游者居住提供的外围环境。伴随经济不断发展，人们对生活环境的要求越来越高，这也是很多大城市人口选择迁移的重要原因。生活环境是评价旅游地是否宜居的重要指标，也是旅游劳务移民选择旅游地作为迁移目标的重要决定因素。通常来说，旅游地为了实现旅游发展目标，会大力改善生活环境，以增强自身对旅游者的吸引力。生活环境的重视程度与旅游劳务移民的工作职位有密切联系。当旅游劳务移民向往旅游地的工作职位越高，越发倾向于重视生活环境；而对那些从事低收入工作的劳动者来说，对生活环境的重视程度并不是很高，但也有一定要求。此外，在旅游地，生活环境也会影响旅游地人口的迁移选择。在一些旅游地，由于生活环境的转变，部分旅游劳务移民从一个旅游地转移到另一个旅游地，因此发生旅游地之间的旅游劳务移民，如大理洱海整治所导致的客栈主向普者黑迁移。

3. 公共服务

公共服务是旅游地提供的公共设施及事业发展水平。公共服务是一个地方发展的保障性因素，也是旅游地因素中的一种重要衡量指标。一个公共服务较差的地方，可以短期居住，但是不可以长期居住。相对于旅游劳务移民，公共服务是影响旅游劳务移民迁入率的重要影响因素。当公共服务相对较差时，旅游劳务移民迁入率通常相对较低；当公共服务相对较好时，旅游劳务移民迁入率通常相对较高。同时，不同年龄段群体对公共服务的要求有着不同的理解。对于较年轻的群体来说，公共服务考虑得相对较少；而对于较年长的群体来说，尤其是对于即将要孩子和已经有孩子的群体，公共服务的需求变得异常迫切，通常会成为旅游劳务移民是否继续迁移的决定性因素。

（二）个体性条件

在旅游劳务移民过程中，个体是行为的发生者，也是决定行为是否发生的核心因素。个体性因素通常是借助比较来发挥作用，这种比较不仅包括旅游地和迁出地，还包括自己迁入前和迁入后，包括自己迁入初期和迁入后期。在现实生活中，个体性条件主要包括职业收益、社会融入和地方依恋三个方面。

1. 职业收益

职业收益是个体在旅游地工作所获经济收入的总和。在较好的职业收益下，人们的工作信心将会得到有效增加，对旅游地依恋程度将会有所增加。总体来说，当未来收入预期大于本身对所花成本预期时，潜在移民将会转化为现实移民，迁移行为发生；当未来收入预期等于或小于预期收入时，潜在移民将会对迁移行为进行重新评估，迁移行为将很难发生。同时，旅游地移民中也存在一种冲动性预期，也就是在经历一段美好过程之后的冲动性决策。换句话说，当潜在移民处于某种临界点时，通常迁移行为不会发生，但在旅游地，吸引因素带来的冲动性，可能会导致移民选择摆脱理智的束缚，拥抱那种不理智带来的冲动。由于旅游地吸引因素的特殊性，这种情况在一定程度上存在并会影响移民的选择。

2. 社会融入

社会融入是个体对旅游地认可和接纳的程度。社会融入是一个重要因素，体现在个体与周围社区的融洽程度。这一因素不仅决定着个体对旅游地的认同程度，更决定着个体对旅游地的依恋水平。对于社会认同度较高的群体，通常不会发生迁移行为；而对于那些社会认同度较低的群体，很容易发生迁移行为。基于马斯洛的需要层次理论观点，被认可和接纳也是人们的一种需求。当人的需求不能够得到满足时，个体就会前往另外一个平台来获取这种认同，或者更愿意前往一个“新社会”，以此来重建原有的社会认同。在这种背景下，旅游地如果不能采取有效手段增加个体的社会融入，将会导致旅游劳务迁入人口不断迁出，甚至影响未来发展。

3. 地方依恋

地方依恋是个体对旅游地产生的积极情感联系。地方依恋包含着个体对旅游地的喜爱程度。在对个人倾向性因素分析中，地方依恋可能因人而异，表现为重土型倾向、周期型倾向和享受型倾向。其中，重土型倾向个体对劳务迁出地有着无法割舍的感情，对旅游地依恋较轻，通常伴随着结果回迁性，即在迁移一段时间之后会返回劳务迁出地；周期型倾向是由于劳务迁出地和旅游地的双重作用，对劳务迁出地的依恋较轻，通常伴随着周期性的迁移；享受型倾向是由于个人对生活和工作方式的追求，容易产生对旅游地的依恋。

二、旅游劳务移民动力机制

（一）迁移模型

基于旅游地的旅游劳务移民形成条件，结合实地调研结果，在此构建旅游劳务移民意愿影响因素研究模型（图 5-1）。

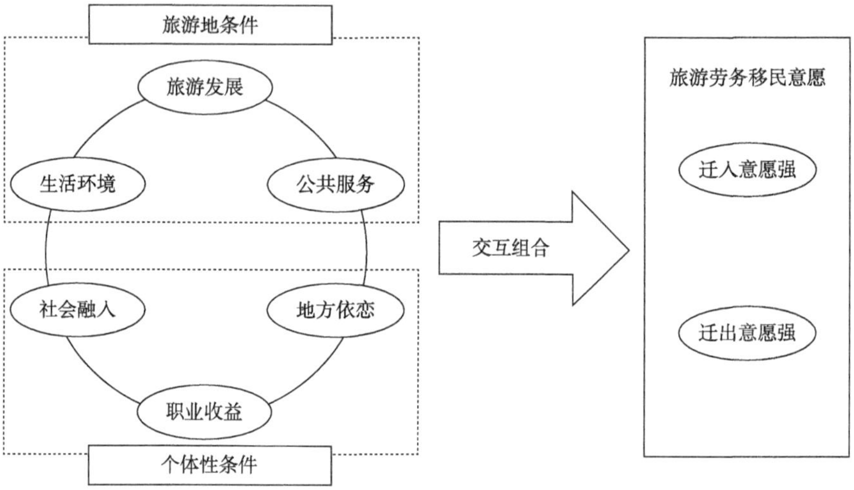

图 5-1　旅游劳务移民意愿影响因素模型预设

参考前人研究[126, 127]，结合“推-拉”理论和对实地观察，对旅游劳务移民意愿影响研究模型进行解释。旅游劳务移民形成是由旅游地条件和个体性条件共同作用，两者所形成的拉力和推力共同影响着旅游劳务移民的发展，最终导致形成两种结果，一种是迁入意愿增强，另一种是迁出意愿增强。在旅游劳务移民形成的过程中，旅游地条件和个体性条件均包含推力和拉力因素，当拉力之和大于推力之和时，旅游劳务移民迁入意愿增强；当拉力之和等于推力之和时，旅游劳务移民处于摇摆状态；当拉力之和小于推力之和时，旅游劳务移民迁出意愿增强。

（二）迁移拉力

迁移拉力是对旅游劳务移民发展起到拉动作用的力。迁移拉力为正向作用力，导向迁入，主要包括旅游地拉力和个体性拉力。

1. 旅游地拉力

旅游地拉力是通过旅游持续发展、生活环境改善和公共服务提升等来增强旅游劳务移民迁入意愿的作用力。在迁移发生过程中，旅游地拉力在雇员群体中的角色不明显，主要表现为对旅游持续发展的关注；而在雇主群体中较为明显，主要表现为生活环境改善和公共服务提升。当旅游地条件符合自己的预期，有助于自身的发展时，旅游劳务移民会选择前往旅游地开展工作；当旅游地条件不符合自身的预期，该群体将不会选择前往旅游地开展工作。

2. 个体性拉力

个体性拉力是通过职业收益增加、社会融入提升和地方依恋强化等来增强旅游劳务移民迁入意愿的作用力。在迁移发生过程中，个体性拉力在雇员群体和雇主群体中均表现为对职业收益增加的关注；而在雇主群体中更加强调社会融入提升和地方依恋强化。在相对理性的迁移决策过程中，个体性拉力扮演着重要的参考作用。当旅游地能提供具有优势的工作机会时，个体性拉力将会增加，促使劳务移民更加乐意前往旅游地，扩大旅游劳务移民规模。

（三）迁移推力

迁移推力是对旅游劳务移民发展起到阻碍的作用力。迁移推力为负向作用力，导向迁出，主要包括旅游地推力和个体性推力。

1. 旅游地推力

旅游地推力是通过旅游发展衰落、生活环境变差、公共服务水平下降来增强旅游劳务移民迁出意愿的作用力。在迁移发生过程中，旅游地推力在雇员群体和雇主群体中均表现为旅游发展衰落；而在雇主群体中更加强调生活环境变差和公共服务水平下降。当旅游发展处于较低发展水平阶段时，生活环境治理的动力变弱，公共服务改善的动力相对较小，迁出率比较高；当旅游发展得到持续，发展机会就会表现出增多态势，迁出率呈现下降趋势；当旅游发展到一定程度，迁出率也会下降到一定程度，但可能存在人们对旅游地劳务迁出的向往，促使迁出率再次呈现上升趋势。

2. 个体性推力

个体性推力是通过职业收益降低、社会融入下降和地方依恋弱化等来增强旅游劳务移民迁出意愿的作用力。在迁移发生过程中，个体性推力在雇员群体中主要表现为职业收益降低；而在雇主群体中更加强调社会融入下降和地方依恋弱化。职业收益、社会融入、地方依恋与个体性推力的大小成反比，即当职业收益降低、社会融入下降和地方依恋弱化时，个体性推力就会不断抬升。

三、旅游劳务移民成因分析

结合旅游劳务移民意愿影响因素研究模型，采用 QCA，对旅游劳务移民的形成因素进行研究。

（一）QCA 分析模型

QCA 是介于质化研究和量化研究之间的一种研究方法，是基于集合理论和布尔逻辑运用组态思维来进行的多案例比较分析[128]。选择该方法的原因有二：一是旅游劳务移民涉及多个影响因素，达成了多个解释变量和一个被解释变量；二是旅游劳务移民影响因素之间可能存在相互关系，利用组态思维可探讨多个因素之间的关系。QCA 包括清晰集定性比较分析（crisp-sets QCA，csQCA）、多值集定性比较分析（multi-value QCA，mvQCA）和模糊集定性比较分析（fuzzy-sets QCA，fsQCA）三种操作方法[128]。其中，csQCA 将案例划分为隶属集合与不隶属集合两类；mvQCA 将案例归结为多个值；fsQCA 增加了部分隶属，通过不同隶属度来衡量程度或水平上的变化。由于本书不涉及 0 和 1 之外的分类类别，故选择 csQCA 对旅游劳务移民意愿影响因素进行研究。

在定性比较分析过程中，主要有两个指标。一致性表示条件变量对于结果变量的充分性：当一致性大于等于 0.8 时，可判断为条件变量为结果变量的充分条件，覆盖度表示条件变量对结果变量的解释力度；当覆盖度大于等于 0.9 时，可直接判断条件变量为结果变量的必要条件。具体公式如下：

$$\text{Consistency}(X_i \leqslant Y_i) = \sum\left[\min(X_i, Y_i)\right] / \sum X_i \tag{5-1}$$

$$\text{Coverage}(X_i \leqslant Y_i) = \sum\left[\min(X_i, Y_i)\right] / \sum Y_i \tag{5-2}$$

其中，$\text{Consistency}(X_i \leqslant Y_i)$ 为一致性指数；$\text{Coverage}(X_i \leqslant Y_i)$ 为覆盖度指数；X 为条件变量；Y 为结果变量。一致性指数越大，条件变量对结果变量的充分性越强；覆盖度指数越大，条件变量对结果变量的解释力度越强。

（二）数据来源与研究方法

1. 数据来源

根据 QCA 案例选择要求，筛选出 20 个旅游劳务移民案例作为案例子集，具体筛选步骤如下。首先，确定案例地。根据目前对旅游劳务移民的研究，丽江市古城区大研古城成为旅游劳务移民的热门目的地，已经在多篇论文中得以体现[40，77，78，82]，故选择丽江大研古城作为案例地。其次，确定一级备选案例库。为分析旅游劳务移民成因，笔者本人与团队成员前往丽江大研古城，分为三个小组，在不同区域进行调查，共获得33份具有代表性的深度访谈数据。再次，基于访谈数据内容及访谈区域，进一步筛选一级备选案例库，以确定典型代表案例。最后，对确定的典型案例进行核对，将各种信息进行反复验证，以保证访谈资料的真实性和严谨性，最终形成了20个案例样本。

在典型案例选择过程中，始终坚持以下三个原则。一是真实性原则。访谈案例的真实性事关研究结果的可信性，故在访谈案例选择过程中，对真实性进行多材料验证，以保证真实性。二是多元性原则。主要是在具体案例筛选过程中，要保持区域的多元性和职业的多元性，即选择不同区域的访谈资料和不同职业的访谈资料，以保证具体访谈案例具有代表性。三是可测性原则。根据对结果变量的设定要求，要求所选案例尽可能清晰、客观，以保证研究的正常开展。本书通过反复检验及相互佐证，尽量提升案例与研究的可信度。综上原则，最终形成20个访谈案例作为研究样本，详见表5-1，具体见附录B。

表 5-1 旅游劳务移民案例样本集

序号	名称	职业	地区
1	调查者 A	客栈员工	新华街
2	调查者 B	酒店安保	新华街
3	调查者 C	茶楼老板	新华街
4	调查者 D	酒吧老板	新华街
5	调查者 E	餐厅经理	光义街
6	调查者 F	客栈老板	光义街
7	调查者 G	鲜花饼店老板	光义街
8	调查者 H	茶商老板	光义街
9	调查者 I	银饰店老板	新义街
10	调查者 J	餐厅老板	新义街
11	调查者 K	米线店老板	四方街
12	调查者 L	米线店老板	四方街
13	调查者 M	客栈老板	四方街
14	调查者 N	鲜花饼店员工	七一街
15	调查者 O	扎染店员工	七一街
16	调查者 P	银饰店老板	七一街
17	调查者 Q	首饰店员工	五一街

续表

序号	名称	职业	地区
18	调查者 R	户外运动店老板	五一街
19	调查者 S	茶商老板	五一街
20	调查者 T	药材店老板	五一街

2. 变量赋值

基于所选案例的具体描述及已有文献，针对模型中的条件变量和结果变量的设定做如下说明，并将赋值结果汇总于表 5-2 中。

表 5-2　变量说明与赋值

变量类别		变量名称	变量数据统计	赋值
结果变量	迁移结果	迁移意愿	想要长时间在这里迁移	1
			非长时间在这里迁移	0
条件变量	旅游地因素	旅游发展	提及旅游发展对迁移行为有影响	1
			没有提及旅游发展对迁移行为有影响	0
		生活环境	提及生活环境对迁移行为有影响	1
			没有提及生活环境对迁移行为有影响	0
		公共服务	提及教育、医疗、住房等条件对迁移行为有影响	1
			没有提及教育、医疗、住房等条件对迁移行为有影响	0
	个体性因素	职业收益	提及生意对迁移行为有影响	1
			没有提及生意对迁移行为有影响	0
		社会融入	有本地朋友	1
			有朋友，但没有本地朋友	0
		地方依恋	喜欢这个地方	1
			不喜欢这个地方	0

3. 条件必要性检验

根据变量赋值结果形成二分数据表，并将其导入 fsQCA 软件中运行，将 6 个条件变量分别取正反值，得到如表 5-3 所示的单条件变量分析结果。从一致性来看，迁入意愿方面，旅游发展、生活环境、公共服务、职业收益、地方依恋的一致性达到了 0.8，说明这五个变量对迁入意愿强形成较强的解释性；迁出意愿方面，职业收益的一致性达到了 0.8，说明职业收益对迁出意愿强形成了较强的解释力。从覆盖度来看，迁入意愿方面，没有单一变量能够对结果变量进行完全解释，即没有一个条件成为旅游劳务移民迁入意愿强的必要条件；迁出意愿方面，条件变量“~旅游发展”和“~公共服务”覆盖度超过了 0.9，表明旅游发展停滞和对公共服务不关注是迁出的必要条件，即当旅游发展停滞时，旅游劳务移民更倾向于迁出；对公共服务不关注的人群只是暂时来到旅游地，更倾向于迁出。

表 5-3　单条件变量分析结果

条件变量		结果变量			
		迁入意愿强		迁出意愿强	
		一致性	覆盖度	一致性	覆盖度
旅游地因素	旅游发展	1.000	0.538	0.462	0.462
	~旅游发展	0.000	0.000	0.538	1.000
	生活环境	0.857	0.545	0.385	0.455
	~生活环境	0.143	0.111	0.615	0.889
	公共服务	1.000	0.538	0.462	0.462
	~公共服务	0.000	0.000	0.538	1.000
个体性因素	职业收益	0.857	0.353	0.846	0.647
	~职业收益	0.143	0.333	0.154	0.667
	社会融入	0.429	0.429	0.308	0.571
	~社会融入	0.571	0.308	0.692	0.692
	地方依恋	0.857	0.545	0.385	0.455
	~地方依恋	0.143	0.111	0.615	0.889

注：表中 ~ 代表“非”，即非必要条件

（三）组态分析

上文通过对单变量的必要性分析发现，旅游劳务移民迁入意愿强是一种“多重复杂并发因果”，因此进一步开展组合分析，目的是检验条件变量之间的组合对结果变量的解释程度。将二分数据表导入 fsQCA 软件，删除连续性小于 0.8 的数据后，进行标准分析，得到复杂解、中间解和简单解 3 种解法，见表 5-4。

表 5-4　条件变量组合分析结果

解的类型	条件组合	原始覆盖度	唯一覆盖度	一致性
复杂解	旅游发展×生活环境×公共服务×职业收益×地方依恋	0.571 429	0.428 571	1
	旅游发展×生活环境×公共服务×社会融入×地方依恋	0.285 714	0.142 857	1
	旅游发展×公共服务×职业收益×社会融入×地方依恋	0.285 714	0.142 857	1
	结果覆盖度：0.857 143		结果一致性：1	

续表

解的类型	条件组合	原始覆盖度	唯一覆盖度	一致性
中间解	旅游发展×生活环境×公共服务×职业收益×地方依恋	0.571 429	0.428 571	1
	旅游发展×生活环境×公共服务×社会融入×地方依恋	0.285 714	0.142 857	1
	旅游发展×公共服务×职业收益×社会融入×地方依恋	0.285 714	0.142 857	1
	结果覆盖度：0.857 143		结果一致性：1	
简单解	旅游发展×公共服务×地方依恋	0.857 143	0.857 143	1
	结果覆盖度：0.857 143		结果一致性：1	

注：表中×代表因素的组合

由表 5-4 可见，复杂解和中间解所呈现的条件变量组态基本相同，可综合为一个解进行分析。因此，本书最终综合复杂解和简单解，得出结果如下：

旅游劳务移民迁入意愿强=旅游发展×生活环境×公共服务×职业收益×地方依恋
=旅游发展×生活环境×公共服务×社会融入×地方依恋
=旅游发展×公共服务×职业收益×社会融入×地方依恋
=旅游发展×公共服务×地方依恋

从以上结果可以看到，旅游发展、公共服务和地方依恋是旅游地吸引旅游劳务移民的基本条件。

采用拉金（Charles C. Ragin）和费斯（Peer C. Fiss）所提出的方法来呈现分析结果（表 5-5）。该呈现模式能够清晰表明各条件变量在整个组态结果中的相对重要性[129]。其中，在简单解与复杂解中同时出现的各个条件变量为核心条件，仅在复杂解中出现的为辅助条件。

表 5-5　旅游劳务移民迁入意愿的组态分析结果

条件	组态解		
	模式 1	模式 2	模式 3
旅游发展	●	●	●
生活环境	•	•	
公共服务	●	●	●
职业收益	•		•
社会融入		•	•
地方依恋	●	●	●
原始覆盖度	0.571 429	0.285 714	0.285 714
唯一覆盖度	0.428 571	0.142 857	0.142 857

续表

条件	组态解		
	模式 1	模式 2	模式 3
一致性	1	1	1
总体一致性	1		
总体覆盖度	0.857 143		

注：表中 • 或●表示该条件存在；空白表示组态中该条件可存在、可不存在，即此条件变量的存在对结果而言无关紧要；●表示核心条件，• 表示辅助条件

由表5-5可见，旅游劳务移民迁入意愿强的输出路径有3种，每种路径的一致性值都在0.8以上且总体一致性达到了1，说明了实证分析的有效性。从总体覆盖度来看，数值达到了 0.857 143，覆盖了一半以上的样本，考虑到案例数量以及案例性质的影响，基于组态分析视角，对组态模式进行具体分析，该结果总体可以接受。

组态模式 1 为“环境–职业”型，能够解释 57.1%的旅游劳务移民迁入案例，其中 42.9%的案例仅能够被该条路径所解释。该模式占据大多数，符合调研结果。也就是说，很多旅游劳务移民因为喜欢这里的生活环境而来到这里，但同时又会因为生意不好而选择离开这里，与调研结果一致。因此。“环境–职业”型旅游劳务移民在旅游地占据主导地位。

组态模式 2 为“环境–融入”型，能够解释 28.6%的旅游劳务移民迁入案例，其中 14.3%的案例仅能够被该条路径所解释。该模式在调研过程中占据一定比例，符合调研结果。也有部分旅游劳务移民单纯喜欢旅游地的环境以及愿意与当地居民进行交流，而当环境变差以及融入不畅时，他们会选择离开旅游地，但并不占据主导。因此，“环境–融入”型旅游劳务移民占据次要地位。

组态模式 3 为“职业–融入”型，能够解释 28.6%的旅游劳务移民迁入案例，其中 14.3%的案例仅能够被该条路径所解释。该模式也在调研过程中占据一定比例，符合调研结果。部分旅游劳务移民由于职业收益来到旅游地，而对环境并没有什么感觉，并不会因为环境而选择迁移或不迁移，反而对自身的融入特别关注。因此，“职业–融入”型旅游劳务移民占据次要地位。

（四）成因分析

对旅游劳务移民成因的探究主要得出以下结论。

一是旅游劳务移民的迁移意愿与旅游发展、公共服务密切相关，好的旅游发展和公共服务将会成为旅游劳务移民迁入意愿强的重要条件，差的旅游发展和对

公共服务漠不关心将支持旅游劳务移民迁出意愿的上升。

二是旅游发展、公共服务和地方依恋是旅游劳务移民迁入意愿增强的基础性条件。旅游地的发展、公共服务的改善以及地方依恋的增强是影响旅游劳务移民的重要决定性因素。

三是旅游劳务移民成因包含三种模式。其中，“环境-职业”型是由于良好的生活环境和职业收益所形成的迁入意愿增强现象，是旅游地最为集中的一种类型；“环境-融入”型是由于良好的生活环境和融入氛围所形成的迁入意愿增强现象；“职业-融入”型是由于良好的职业收益和融入氛围所形成的迁入意愿增强现象。

四、本 章 小 结

本章研究内容可概括为以下三个方面。

首先，关于旅游劳务移民的形成条件，得出旅游劳务移民包含旅游地因素和个体性因素。旅游地因素是旅游劳务移民的客观性因素，是其形成的直接决定性因素，包括旅游发展、生活环境和公共服务三个方面；个体性因素是旅游劳务移民的主观性因素，是其形成的间接决定性因素，包括职业收益、社会融入和地方依恋三个方面。

其次，关于旅游劳务移民的形成机制，得出旅游劳务移民是旅游地因素和个体性因素共同作用形成的结果，由两者形成的推力和拉力推动发展；在旅游劳务移民形成的过程中，旅游地因素和个体性因素均包含推力和拉力因素，当拉力之和大于推力之和时，旅游劳务移民迁入意愿增强；当拉力之和等于推力之和时，旅游劳务移民处于摇摆状态；当拉力之和小于推力之和时，旅游劳务移民迁出意愿增强。

最后，关于旅游劳务移民的形成因素，得出旅游发展、生活环境、公共服务、职业收益和地方依恋均与旅游劳务移民迁入意愿存在关系，解释力较强，但不是必要条件；条件变量“~旅游发展”和“~公共服务”与旅游劳务移民迁出密切相关，覆盖度超过了 0.9，为必要条件；旅游劳务移民成因包含“环境-职业”型、“环境-融入”型和“职业-融入”型三种模式，其中，“环境-职业”型在旅游劳务移民中占据主导地位。

第六章　旅游劳务移民挤出效应

本章旨在分析旅游劳务移民挤出效应，主要解决“旅游劳务移民挤出效应影响”问题。首先，本章分析了旅游劳务移民挤出效应形成机理，厘清了旅游劳务移民挤出效应形成的主线逻辑、副线逻辑和次线逻辑；其次，本章分析了旅游劳务移民挤出效应主要类型；再次，本章分析了旅游劳务移民挤出效应表现，辨析了空间挤出和功能挤出现象；最后，本章分析了旅游劳务移民挤出效应特征。

一、旅游劳务移民挤出效应形成机理

旅游劳务移民挤出效应不仅包含人口涌入带来的空间挤出，也包含人口涌入过多形成的拥挤效应带来的功能挤出，以及两者共同作用形成的旅游劳务移民挤出效应。

（一）形成机理构建与解释

1. 机理构建依据

挤出效应是一个经济学概念，原意指国债发行会减少民间资本供给，导致民间投资的萎缩[130]，更多是公共部门对私营部门的挤出[131]，不同经济学家对挤出效应的认识有所不同。经济学家曼昆认为，挤出效应是政府采取扩张性财政政策导致市场中的利率上升，进而使投资数字减少[132]；高鸿业认为，挤出效应是指在政府支出增加时私人消费和个人投资减少的现象[133]。对于挤出效应发生的原因，一些经济学家也做出了解释，政府购买的增加会推动市场上物品和劳务需求的增加，市场交易频率的提升会引起利率上升，利率上升会限制人们的投资，即政府投资增加会对资金形成挤占，使原本的私人投资数量减少[134]。后伴随着经济的发展，挤出效应的适用范围不断扩大。目前研究最成熟的为外商直接投资的挤出效应，包括外商直接投资对宏观经济[135]、不同产业[136]、企业[137]等方面，但并没有取得一致的结论。例如，Borensztein 等引入外商直接投资技术扩散的内生增长模型，判断外商投资对整体经济的作用，得出 1 个外商投资能够使国内投资增加扩大到 100 个单位[138]；杨柳勇和沈国良选取我国 1985~1999 年的数据得出，从长期来看外商直接投资会对国内投资产生挤出效应[139]。

伴随研究的不断发展，挤出效应研究范围不断扩大，涉及房价[140, 141]、社会保险缴纳[142]、教育投入[143]、延迟退休[144]等多个领域。伴随旅游业的发展，旅游产业挤出效应也受到关注[134]，但对旅游本身所导致的挤出效应并无具体描述。赵敏将旅游挤出效应界定为“目的地因旅游发展引起原住居民挤出、原有功能挤出和原住文化挤出所产生的综合效应”，具有经济转轨性、社会多元性、空间置换性和文化交融性的特征，并将其划分为原住居民挤出、原有功能挤出和原生文化挤出[145]。由上可知，挤出效应的定义已经不再限于公共部门和私人部门，已经开始拓展到外部与内部，或者是一个事物对另一个事物。因此，挤出效应可定义为，一个事物发展引致另一事物的一个或多个要素被挤占的现象[130]。也就是说，挤出效应可以定义为“涌入”到“挤出”逻辑，即一个群体或事物涌入，导致另一个群体或事物的部分或全部被挤占。

大量事物的涌入会导致拥挤，从而产生拥挤效应[146]。拥挤的形成研究可以追溯到 20 世纪 60 年代的游憩容量研究，是指超过某个特定值的状态[147]。大量涌入必然会引起数量上升，而数量超过某一特定值时，拥挤便会产生。同时，拥挤也会产生挤出。郭豪杰等在对农户亲环境行为动机进行拥挤效应检验时得出，内外动机间存在的“拥挤效应”会挤出道德责任感，挤入兴趣愉悦感，总效应表现为“挤出效应”[148]。也就是说，存在这样一个逻辑线条，涌入会引致拥挤，拥挤会引致挤出。

综上，挤出效应可以定义为一事物对另一事物要素的挤出作用现象。根据以上对挤出效应产生的分析，挤出效应的产生存在两条逻辑线索，一条是“涌入”到“挤出”的逻辑主线，另一条是“拥挤”到“挤出”的逻辑副线。

2. 形成机理构建

在此基础上，旅游劳务移民由于自身的特殊性，应存在一条逆向的逻辑线索，故构建了旅游劳务移民挤出效应形成机理（图 6-1）。

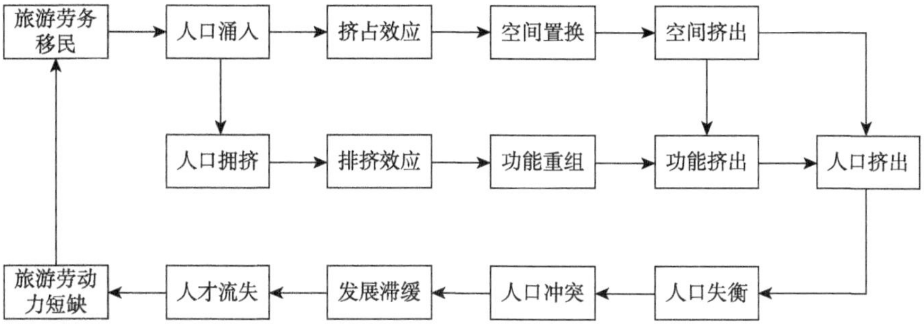

图 6-1　旅游劳务移民挤出效应形成逻辑图

3. 形成机理解释

根据旅游劳务移民挤出效应形成逻辑图，旅游劳务移民挤出效应包含“涌入”到“挤出”、“拥挤”到“挤出”、“挤出”到“涌入”三条逻辑线。三条逻辑线索具有如下关系。首先，主线是旅游劳务移民挤出效应的主要形成路线，也是旅游劳务移民对旅游目的地影响的主要渠道。旅游劳务移民必然会带来人口涌入，而由于涌入与挤出关系，必然会导致人口挤出。其次，副线是旅游劳务移民挤出效应的次要形成路线，从属于主线。只有当主线发生时，副线才有可能发生作用。最后，逆线是与旅游劳务移民挤出效应作用相反的路线。在主线和副线发生作用后，才会激发逆向线路的作用，从而对旅游劳务移民产生影响。

（二）主线逻辑：“涌入”引致“挤出”

旅游劳务移民挤出效应的主线逻辑是“涌入”引致“挤出”，原有居民占据旅游地的主导地位，主要发生作用为空间上的挤占，结果是空间挤出。在旅游劳务移民挤出效应发生过程中，旅游劳务移民会助推涌入，涌入会导致空间挤占。由于旅游发展，旅游劳务移民不断增加，必然会影响人口涌入的数量。与城市化有相同之处，旅游目的地人口涌入的过程必然会挤占原有居民的空间。这种空间挤占主要体现在两个层面：一是生活空间的挤占，需要居住的房子来维持必要的生活；二是工作空间的挤占，旅游劳务移民的到来必会抢占部分工作岗位。正是由于人口不断涌入的作用，旅游劳务移民通过资本、成本等方式，不断压缩原有居民的生活空间和工作空间。例如，在很多旅游目的地，旅游劳务移民通过租用、购买等方式获取本地居民的原有住房，以从事旅游商业活动。

（三）副线逻辑：“拥挤”引致“挤出”

旅游劳务移民挤出效应的副线逻辑是“拥挤”引致“挤出”，旅游劳务移民占据旅游地的主导地位，主要发生作用为功能上的排挤，结果是功能挤出。在旅游劳务移民挤出效应发生过程中，涌入过多会引发拥挤，从而开启副线。由于旅游劳务移民的大量涌入，旅游业聚集了大量的旅游劳务移民。当旅游劳务移民大于旅游业需求人口时，拥挤便会发生。由于与外地居民的差异，本地居民处于劣势地位。旅游地非旅设施将会转化为旅游设施，一些不属于旅游者的设施也会被开发为旅游设施。在拥挤的作用下，排挤作用越来越严重，一些非旅功能的地方陆续被旅游功能所替代，从而形成功能挤出。

（四）逆线逻辑：“挤出”引致“涌入”

旅游劳务移民挤出效应的逆线逻辑是“挤出”引致“涌入”，旅游地人口平衡在部分或全部区域被打破，主要发生作用为人口失衡，结果是人才流失。在旅游劳务移民挤出效应发生过程中，人口挤出越来越严重，结果导致：旅游劳务移民越来越多，旅游地原有居民越来越少，形成外地居民和本地居民人口数量失衡的现象，即从本地居民占主导变为以外地居民占据主导。在这种情况之下，外地居民和本地居民的利益矛盾将会导致发展冲突，从而滞缓旅游地发展。旅游发展是人口移动的动力来源，其滞缓将会导致人才从旅游地流向其他地区。在人才流失的情况下，旅游地劳动力短缺情况会愈加严重，从而开启吸引外地劳务人口的进程，会推动旅游劳务移民的发展。

二、旅游劳务移民挤出效应主要类型

旅游劳务移民挤出效应包含多重挤出模式。其中，资本挤出和成本挤出是物理层面的挤出；跟随挤出和孤立挤出是心理层面的挤出；资本挤出和跟随挤出是发生在旅游劳务移民初期的挤出现象；成本挤出和孤立挤出是发生在旅游劳务移民后期的挤出现象。

（一）资本挤出模式

资本挤出是资本因素导致的挤出。在市场经济中，一切可交易的东西遵循着

“价高者得”的原则。旅游和资本通常是分不开的，一个地方的旅游发展，必然会吸引资本注意。伴随旅游地迅速发展，资本蜂拥而至。面对资本的诱惑，很多本地居民以放弃自己长时间居住地的方式，用以获得更好的生活方式。资本挤出是每个旅游地在发展过程中必然面对的现象，部分地方有政府参与，可能会导致大范围的资本挤出；部分地方资本需要面对个人，范围相对较小。除去政府参与，外地居民的资本诱惑会吸引一大批人放弃原有的生活区域，将原有生活空间让渡给外地资本，产生外地资本对本地居民的挤出。

（二）成本挤出模式

成本挤出是成本因素导致的挤出。在市场经济中，一切生产经营活动均需要控制成本，旅游也不例外。在前期经营过程中，旅游地经营者可能会雇用本地居民，一旦发现有成本更低的外地居民可雇用，会偏向于雇用外地居民，解聘本地居民。当然，这种成本不仅在于工资成本，也包含管理成本、沟通成本等。成本挤出是对旅游地的二次伤害。第一次伤害源于资本挤出，导致旅游地产生更多的外地经营者；第二次伤害就是成本挤出，导致旅游地产生更多的外地打工者。成本挤出会减少本地居民的工作岗位，使更多本地居民放弃原有居住区域，前往区域外就业甚至失业，进一步加深资本挤出。

（三）跟随挤出模式

跟随挤出是由于跟随心理而产生的挤出。在资本挤出产生之后，很多本地居民看到了好处，便选择跟随前往新的居住区域；也有一部分人由于亲人和朋友的离开而离开，从而选择跟随前往新的社区。跟随挤出通常发生在资本挤出之后，看到了资本给自身带来的利益，从而选择跟随。这种跟随包含着利益因素，也包含着感情因素。由于利益驱使，利益因素产生；由于身边亲人和朋友前往，感情因素产生。同时，跟随挤出包含着理智跟随和盲动跟随，即由于自己利益权衡而选择的跟随行为和由于别人鼓动而产生的跟随行为，两者均有可能发生。

（四）孤立挤出模式

孤立挤出是由于孤立心理而产生的挤出。在资本挤出和成本挤出发生之后，本地居民变成了旅游地的少数派。也就是说，旅游地发生了人口结构逆转，从本地居民主导转变为外地居民主导。在这种情况之下，旅游地再也不是本地居民的一个家，孤立感油然而生。在孤立感占据主导之后，本地居民开始不再留恋旅游地，选择离开旅游地，到旅游地之外的地方。由此，孤立挤出也是对旅游地的第三次伤害，结果是旅游地变成外地居民的，而不再是本地居民的。当然，孤立挤出也不仅仅是在资本挤出和成本挤出之后发生，也可能介于资本挤出和成本挤出之间，由于亲人和朋友的减少而形成孤立，由此形成对个体的挤出，这也是旅游劳务移民孤立挤出的一部分。

三、旅游劳务移民挤出效应表现形式

（一）空间挤出

1. 挤出方向

空间上的“中心—边缘”挤出是由于旅游劳务移民而产生的本地居民从中心转移到边缘的过程。在原本的旅游地中，本地居民处于中心位置，但由于资本挤出和成本挤出等，本地居民空间从中心向边缘转移，甚至会发展成为无法参与具体旅游活动。在这个过程中，旅游地中心位置的本地居民将会越来越少，外地居民将会越来越多。越来越多的本地居民选择将房子出租或卖给外地居民，用获取的收入在旅游地外围购置房屋，即空间上被边缘化。空间上的“中心—边缘”挤出是不可逆转的，会伴随着旅游劳务移民的扩大而增加，最终会形成本地居民从中心到边缘的转化。

2. 挤出内容

1）生活空间挤出

本地居民减少是旅游劳务移民生活空间挤出最直接的表现。由于旅游地的人口容量是恒定的，旅游劳务移民的增加必然引起本地居民的减少。本地居民减少主要来自资本挤出、成本挤出、跟随挤出和孤立挤出，从而产生四个方面的压力。资本挤出会产生生活品质的压力；成本挤出会产生劳动报酬的压力；跟随挤出会产生跟随压力；孤立挤出会产生孤立压力。这些压力会导致旅游地不再适宜本地居民生活，使其产生一种逃离旅游地的冲动，进一步加速本地居民减少。

2）生产空间挤出

原生空间缩小是旅游劳务移民生产空间挤出直接的表现。由于资本挤出的作用，原有本地生活空间被挤占，本地居民需要前往旅游地边缘区生活；由于成本挤出的作用，本地生产空间会被挤占，本地居民需要前往旅游地之外寻求工作。在资本挤出和成本挤出的综合作用下，本地居民的生活和生产空间不断被挤占，呈现缩小态势。同时，由于本地居民不断减少，原本属于本地居民的空间不断被外地居民的活动所挤占，本地的很多活动空间已经变成外地居民的空间，成了回不去的记忆。

3）文化空间挤出

本土文化式微是旅游劳务移民文化空间挤出间接的表现。在孤立挤出的作用下，不仅本地居民会感到孤立，本土文化也会被孤立。例如，在一些旅游地，本土文化只能被摆放在博物馆当中，而在生活中的体现所剩无几。在本地居民减少的情况下，外地居民占据旅游地主导，外地文化也会占据旅游地文化主导，导致本土文化相对式微。文化不是天然形成的，是社会化的产物。那么，没有本地居民的本土文化就失去了根，失去了灵魂，难以在现代文化的冲击下传承。例如，丽江最为知名的是酒吧文化、艳遇文化，而不是东巴文化。

3. 挤出效果

1）文化过度符号化

文化过度符号化是旅游劳务移民过程中文化过度演化为符号的现象。文化符号化是一个过程，本身并不是一个坏现象，反而可以加速对文化的认识，推动文化创新。但这个过程必须有一个条件，就是正确解释文化。在旅游劳务移民将本地居民挤出之后，文化解释权从本地居民手中转移到居住在这里的人手中，那么文化符号化就容易走样，形成文化过度符号化。文化过度符号化的危害是致命的，可能会加速文化庸俗化，形成文化之间的误解。尤其在外地居民之间，由于来自全国各地，甚至全球各地，每个人不仅是一个生命体，更是一个文化体，每个人都具有自己的文化背景和文化印记。在没有本地居民指导的情况下，不同文化背景的人对文化符号化的理解是不相同的，纵然会使文化创新更加丰富，但也会付出文化创新的代价，加深文化过度符号化。

2）社会过度离心化

社会过度离心化是旅游劳务移民过程中社会过度离散的现象。传统社会的凝聚力是最高的，但是随着社会流动性的提升，社会离心化趋势也在不断提升。在旅游劳务移民将本地居民挤出之后，原有的社会结构被打乱，而新的社会结构尚未建立起来，就容易造成社会过度离心化。社会离心化的过程就是一个熟人社会转向陌生人社会的过程，这对本地管理造成了极大的挑战，容易导致管理与个体的脱节，进一步加深社会过度离心化。同时，挤出效应扩大化也会增加旅游地劳务人口的流动性，降低人与人之间的熟悉程度，增加管理难度，加速社会过度离心化的过程。

（二）功能挤出

1. 挤出方向

功能上的“非旅—旅游”挤出是由于旅游劳务移民而产生的本地非旅活动和非旅空间转化为旅游活动和旅游空间的过程。一方面，旅游劳务移民会加重非旅活动的旅游化。如果旅游地活动可以促进旅游发展，他们就支持，会参与；如果旅游地活动不利于旅游发展，他们就不支持，不参与。如此之下，非旅活动被排挤到旅游地之外，如很多人需要到旅游地之外买菜、买生活用品、理发等。另一方面，旅游劳务移民会加重非旅空间的旅游化。旅游劳务移民会将租来或买来的住房改造成客栈或民宿，以在享受生活的同时获取经济利益；也会将原有的生产经营活动转化为与旅游相关的活动，以获取更多的经济利益；会选择符合旅游者需求的方式进行装修，以迎合旅游者的消费需求。因此，旅游劳务移民的增加会推动非旅空间和非旅活动的旅游化，将一些非旅空间和非旅活动排挤到旅游地之外。

2. 挤出内容

1）家乡功能挤出

家乡功能挤出是本地居民减少而导致的家乡归属感功能丧失。本地居民离开旅游地之后，逐步放弃旅游地作为家乡的权利，而旅游劳务移民对旅游地很难产生家乡情结，从而导致家乡功能在过程中被挤出。“家乡”代表着一个人对一个地方的特殊依恋和归属感倾向，是人地关系的特殊体现。从调查中也可发现，旅游劳务移民对旅游地的依恋普遍不强，会在生意不好或工资达不到要求时，选择离开旅游地。那么，伴随着本地居民日益减少，旅游地的家乡功能将不断丧失。

2）生活功能挤出

生活功能挤出是原生空间缩小而导致的生活便捷性功能减小。随着原生空间不断缩小，旅游劳务移民将占据更多旅游地空间。在原生空间较大时，旅游地需要保障本地居民的生活需求，需要保留一定的地方提供生活必需品的交易，原有的生活方式也保持原来的状态；但随着原生空间变小，旅游地出现更多的消费空间以及消费和生活在一起的空间，原有的纯粹生活空间不再存在，原有的为本地居民提供的商店也不断消失，仅留下为旅游者提供服务的商店。另外，缺少了本地居民的旅游地，原有的生活场景就再也不可能那么自然地存在，原有的生活方式也被挤出了旅游地。

3）文化功能挤出

文化功能挤出是本土文化式微而导致的文化本色功能丧失。文化是以人为载体的，其存在并不仅仅是为了赚钱。在本土文化较强时，本土文化得到大家认同，是需要大家共同遵守的准则；在本土文化式微时，原有的文化功能可能逐步被曲解，也可能为迎合旅游者的需求而减少其仪式感，为多种文化混合发展。例如，泼水节是固定节日的活动，有些地方却出现了“天天泼水节”的情况。在旅游劳务移民追求利益过程中，旅游地文化逐步被货币化，能够带来利益的文化被哄抢，不能带来利益的文化被遗弃。为了追求利益最大化，旅游劳务移民将更多与自身利益不符的文化请出旅游地，迎来更多的潮流文化。

3. 挤出效果

1）旅游过度商业化

过度商业化是旅游劳务移民过程中商业色彩过重的现象。不可否认，旅游劳务移民对旅游地旅游业发展是有贡献的，但对旅游业发展也存在负面影响，会加重旅游地过度商业化程度。旅游劳务移民很大程度上是为了获取劳动报酬，旅游劳务移民也不例外，更多是为了获取劳动报酬或者投资收益，本身是具有趋利性的。由于旅游劳务移民本身具有趋利性，那么旅游劳务移民也必然会随着利益而动，在挤出本地居民之后，挤出效应会扩大，甚至对外地居民本身也会产生挤出效应，即挤出效应扩大化，外地居民之间会因为利益而互相挤出。当然，这最终源于市场经济本身的竞争性。但不得不承认，旅游劳务移民增加了旅游地旅游业过度商业化的程度。

2）经济漏损扩大化

经济漏损扩大化是旅游劳务移民过程中经济收益向外流出的现象。对于经济漏损这个词，更多的是从目的地本身来谈论旅游劳务移民带来的经济变化，而对于劳务迁出地或者输出地来说，增加了经济收益，带动了经济发展。从旅游劳务移民状况分析可以得出，大多数人并不会选择迁移户口，也就是说，并不打算在这里长期生活。这个时候，旅游地更像是一个暂居地，就算对旅游地有感情，也是短期的感情，而不是长期的感情。在获取经济利益之后，旅游劳务移民更多的不是想着如何对旅游地多做贡献，而是想着扩大自己的经济利益或者把自己的收益带回家乡。这些人虽然可能在旅游地享受生活，但为其提供商品或服务的群体本身也属于劳务移民，同样有着类似的心理诉求，于是，经济利益在旅游劳务移民之间兜兜转转，不断减少，从而加深了旅游地的经济漏损。

四、旅游劳务移民挤出效应主要特征

（一）空间挤出和功能挤出的差异性与统一性

1. 空间挤出和功能挤出的差异性

空间挤出和功能挤出的差异性主要体现在以下三点。一是时间先后不同，旅游劳务移民空间挤出总是先于功能挤出，空间挤出发生后，原有空间所具有的功能发生改变。二是主次关系不同，空间挤出更为主要，是主要表现；而功能挤出是旅游劳务移民挤出效应的附属表现。三是作用方式不同，空间挤出是旅游劳务移民直接作用的结果，功能挤出是旅游劳务移民间接作用的结果。

2. 空间挤出和功能挤出的统一性

空间挤出和功能挤出的统一性主要体现在以下三点。一是性质具有统一性，不管是空间挤出还是功能挤出，两者均是旅游劳务移民挤出效应作用的结果。二是过程具有统一性，空间挤出和功能挤出均会经过旅游劳务移民对旅游地本地居民的作用实现。三是结果具有统一性，空间挤出和功能挤出均能对旅游地产生重要影响，破坏原有状态，最终均会阻碍旅游地的持续发展。

（二）时间上的动态性与非线性

1. 时间上的动态性

旅游劳务移民挤出效应在时间上具有动态性。也就是说，旅游劳务移民挤出效应并不是在所有时间都是恒定不变的，而是在不同时间表现出不同的状态。例如，房价或租金快速上涨，说明旅游劳务移民大量迁入；价格相对稳定，说明旅游劳务移民相对较少。时间上的动态性表明旅游劳务移民挤出效应存在很大的随机性，即在时间上具有不可控性。

2. 时间上的非线性

旅游劳务移民挤出效应在时间上具有非线性。也就是说，旅游劳务移民挤出效应趋势具有不可预测性，可能存在增长阶段的突然下降，也可能出现在下降阶段的突然上升。伴随着旅游劳务移民的发展，迁入和迁出均出现在旅游地，使挤出效应也呈现出非线性趋势，更加难以预测。同时，由于时代的发展，年轻人的决策更具有主观随意性，导致挤出效应在时间上的非线性加重。

（三）空间上的渐进性与难以逆转性

1. 空间上的渐进性

旅游劳务移民挤出效应在空间上具有渐进性。在旅游劳务移民发展初期，挤出效应仅仅发生在核心区域，本地居民可能前往边缘区域；但随着边缘地区不断被挤占，本地居民可能前往更加边缘的区域，在功能上表现为更加强烈的趋利性。另外，空间上的渐进性也由于挤出效应的发生存在博弈特征，即外地居民和本地居民不断博弈，才会导致挤出效应的发生。正是由于挤出效应存在博弈性，旅游劳务移民挤出效应的发展不可能一蹴而就，而是在渐进中发展。

2. 空间上的难以逆转性

旅游劳务移民挤出效应在空间上具有难以逆转性。旅游劳务移民挤出效应对旅游地的影响是持久的，一旦发生，影响将是难以逆转的。在很多旅游地，由于资本挤出的作用，房价或租金被过度炒高，导致本地居民不能返回或不想返回，从而使旅游地丧失保持文化中最重要的因素——人。当本地居民的流失达到了不可逆转的程度，旅游劳务移民挤出效应在空间上也将是难以逆转的。

五、本 章 小 结

本章研究内容可概括为以下三个方面。

首先，关于旅游劳务移民挤出效应的内涵，旅游劳务移民挤出效应发生的原因包括内因（旅游地容量恒定）和外因（外地居民流动属性）两个因素；旅游劳务移民挤出效应发生的模式包含物理挤出（资本挤出和成本挤出）和心理挤出（跟随挤出和孤立挤出）；旅游劳务移民挤出效应发生的方向包括空间上的“中心—边缘”挤出和功能上的“非旅—旅游”挤出；旅游劳务移民挤出效应发生的效果包括文化过度符号化、社会过度离心化、旅游过度商业化、经济漏损扩大化。

其次，关于旅游劳务移民挤出效应的表现，主要包括空间挤出和功能挤出。空间挤出是旅游劳务移民挤出效应在空间上的影响，主要表现在本地居民减少、原生空间缩小和本土文化式微；功能挤出是旅游劳务移民挤出效应在功能上的影响，主要表现在家乡功能挤出、生活功能挤出和文化功能挤出。

最后，关于旅游劳务移民挤出效应的特征。旅游劳务移民挤出效应包含三个特征，主要为空间挤出和功能挤出的差异性与统一性、时间上的动态性与非线性、空间上的渐进性与难以逆转性。

第七章　旅游劳务移民挤出效应测度

本章旨在测度旅游劳务移民挤出效应，主要解决“旅游劳务移民挤出效应影响效果”的问题。首先，本章构建旅游劳务移民挤出效应概念模型，为旅游劳务移民挤出效应测度奠定了基础；其次，本章构建旅游劳务移民挤出效应测度模型，确定了研究区域、研究尺度和研究方法；最后，本章分析旅游劳务移民挤出效应测度结果，对旅游劳务移民挤出影响进行评估，并分析挤出效应影响因素。

一、旅游劳务移民挤出效应概念模型

PSR 框架是联合国经济合作组织在对世界环境状况评价时提出的一种评价框架，该框架提供了一种环境保护“作用-反馈-作用”的循环机制，体现了过程与结果的互动关系，在多个领域已得到应用。从“作用-反馈-作用”的角度，旅游劳务移民挤出效应可界定为，旅游劳务移民对旅游地作用、旅游地状态保持的系统响应程度。根据这一定义，可借用 PSR 框架来构建旅游劳务移民空间挤出和功能挤出的概念模型。

（一）PSR 空间挤出概念模型

根据 PSR 框架，结合空间挤出的表现形式，可构建 PSR 空间挤出概念模型，并建立 PSR 空间挤出评价指标体系。

1. PSR 空间挤出概念模型构建

根据 PSR 框架，本书选择流动压力、空间状态、挤出响应三个维度选取指标，构建 PSR 空间挤出概念模型（图 7-1）。其中，流动压力对旅游地形成作用力，挤出响应对旅游地形成反馈力，共同作用于旅游地空间状态。

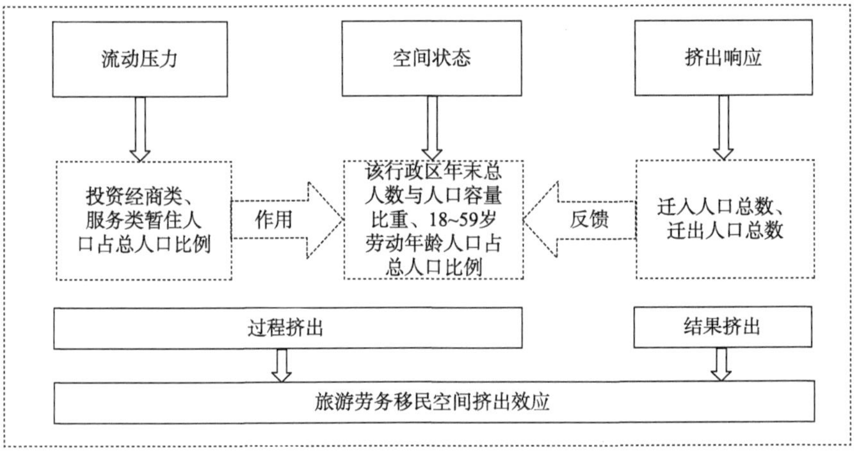

图 7-1　PSR 空间挤出概念模型

2. PSR 空间挤出评价指标体系

结合旅游劳务移民空间挤出实际情况，从流动压力、空间状态、挤出响应三个维度构建了 PSR 空间挤出评价指标体系（表 7-1）。

表 7-1　PSR 空间挤出评价指标体系

目标层	维度层	指标层	编号	权重
空间挤出效应评价	压力（P）	投资经商类暂住人口占总人口比例（%）	K_1	0.166 7
		服务类暂住人口占总人口比例（%）	K_2	0.170 6
	状态（S）	该行政区年末总人数与人口容量比重（%）*	K_3	0.164 6
		18~59 岁劳动年龄人口占总人口比例（%）*	K_4	0.163 4
	响应（R）	迁入人口总数（人）*	K_5	0.167 1
		迁出人口总数（人）	K_6	0.167 7

注：带“*”为负向指标。指标权重测算方法见下文

（1）压力维度：空间挤出效应是旅游劳务移民对旅游地本地居民压力下的必然结果，起初的直接目的是缓解旅游地劳动力的不足。因此，在对空间挤出效应进行评价的时候，要考虑缓解压力程度，这种压力维度反映了投资经商类、服务类暂住人口对当地居住空间的挤压。在遵循科学性、代表性和可获取性的原则下，选择投资经商类暂住人口占总人口比例、服务类暂住人口占总人口比例两个指标。

（2）状态维度：空间挤出效应状态与当前区域的人口数量和劳动人口比例有着紧密联系。当该行政区人口总数占人口容量的比例较低时，挤出较大，反之

较小；当劳动年龄人口比例占总人口比例较低时，挤出较大，反之较小。因此，选择该行政区年末总人数与人口容量比重、18~59 岁劳动年龄人口占总人口比例两个指标。

（3）响应维度：响应维度反映着旅游地面临人口压力所做出的迁移选择，是对旅游劳务移民空间效应的直接反映。当迁入人口较少时，旅游劳务移民挤出响应压力增加；当迁出人口较多时，旅游劳务移民挤出响应明显增强。考虑到合理性、可行性和可比性，选择迁入人口总数、迁出人口总数两个指标。

（二）PSR 功能挤出概念模型

根据 PSR 框架，结合功能挤出的表现形式，可构建 PSR 功能挤出概念模型，并建立 PSR 功能挤出评价指标体系。

1. PSR 功能挤出概念模型构建

根据 PSR 框架，本书选择发展压力、经营状态、挤出响应三个维度选取指标，构建 PSR 功能挤出概念模型（图 7-2）。其中，发展压力对旅游地形成作用力，挤出响应对旅游地形成反馈力，共同作用于旅游地经营状态。

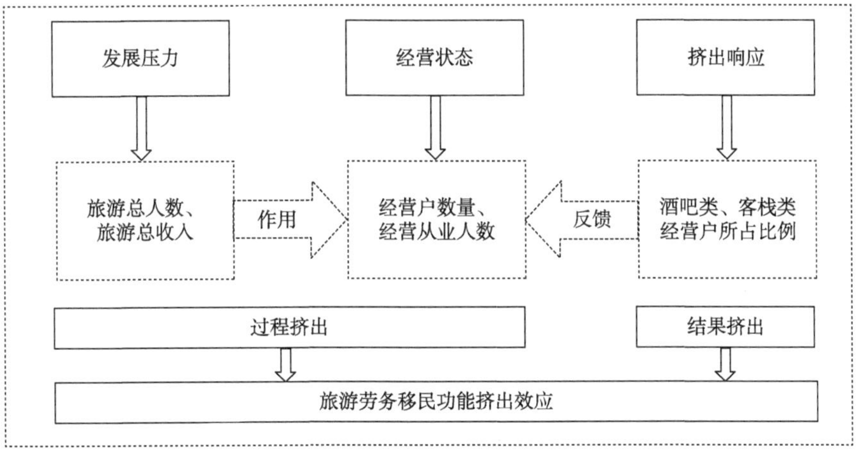

图 7-2　PSR 功能挤出概念模型

2. PSR 功能挤出评价指标体系

结合旅游劳务移民功能挤出实际情况，从发展压力、经营状态、挤出响应三个维度构建了 PSR 功能挤出评价指标体系（表 7-2）。

表 7-2　PSR 功能挤出评价指标体系

目标层	维度层	指标层	编号	权重
功能挤出效应评价	压力（P）	旅游总人数（人）	G_1	0.167 7
		旅游总收入（元）	G_2	0.164 0
	状态（S）	经营户数量（户）	G_3	0.168 4
		经营从业人数（人）	G_4	0.169 3
	响应（R）	酒吧类经营户所占比例（%）*	G_5	0.165 3
		客栈类经营户所占比例（%）*	G_6	0.165 3

注：带“*”为负向指标。指标权重测算方法见下文

（1）压力维度：功能挤出发展压力来自旅游劳务移民带来的旅游急速发展，对旅游地原有功能构成压力。因此，在遵循科学性和可行性原则的基础上，选择旅游总人数、旅游总收入两个指标。

（2）状态维度：功能挤出经营状态来自旅游地经营户和经营人员的变化，反映旅游地功能挤出变化的状态。因此，在遵循科学性和可获取性原则的基础上，选择经营户数量、经营从业人数两个指标。

（3）响应维度：功能挤出响应来自酒吧类、客栈类等旅游经营户的变化，反映旅游地对功能变化的响应程度。因此，在结合实际情况的前提下，遵循科学性和可行性原则，选择酒吧类经营户所占比例、客栈类经营户所占比例两个指标。

二、旅游劳务移民挤出效应测度模型

在构建旅游劳务移民挤出效应概念模型的基础上，选择合适的评价方法对旅游劳务移民挤出效应进行测度。

（一）研究区域与数据来源

本书选择丽江市古城区大研古城作为评价对象，以 2018~2020 年为研究期，根据评价指标及数据建立数据库。其中，投资经商类暂住人口占总人口比例、服务类暂住人口占总人口比例、该行政区年末总人数与人口容量比重、18~59 岁劳动年龄人口占总人口比例、迁入人口总数、迁出人口总数等人口相关数据为丽江市公安局古城分局提供数据计算；旅游总人数、旅游总收入等旅游数据来自丽江

市古城区文化和旅游局；经营户数量、经营从业人数、酒吧类经营户所占比例、客栈类经营户所占比例等具体经营数据为丽江古城保护管理局提供数据计算。

（二）数据处理与权重计算

1. 数据处理方法

本书数据包含总量数据、比例数据及差异数据。对于客观数据，本书拟采用极大极小标准化法对数据进行处理，即进行无量纲化。借鉴前人经验[149]，并结合实际情况进行调整，公式为

$$Z'_{ij}=0.1+\frac{Z_{ij}-\min\left(Z_j\right)}{\max\left(Z_j\right)-\min\left(Z_j\right)} \tag{7-1}$$

$$Z'_{ij}=0.1+\frac{\max\left(Z_j\right)-Z_{ij}}{\max\left(Z_j\right)-\min\left(Z_j\right)} \tag{7-2}$$

其中，Z_{ij} 为第 i 个对象中第 j 个指标的原始指标值；$\min\left(Z_j\right)$为指标最小值；$\max\left(Z_j\right)$为指标最大值；Z'_{ij} 为 Z_{ij} 无量纲化的计算值。取值范围为[0，1]。此外，由于本书处理后客观数据不存在 0、1 或者负数的特殊数值，故无须进行验证。

2. 权重计算方法

权重是对评价过程中某一指标重要程度的反映。指标权重的确定被称为加权，包含主观加权法和客观加权法，它包括专家意见法、层次分析法、主成分分析法、熵值法等。为了使权重系数尽可能不受人为因素的影响，本书采用更加客观的熵值法来确定权重，具体步骤如下[150]。

第一，计算信息熵值e_j，公式为

$$e_j=-K\sum_{i=1}^{m}z_{ij}\ln z_{ij} \tag{7-3}$$

其中，K 为常数值，$K=\frac{1}{\ln m}$。

第二，计算指标信息效用值d_j，公式为

$$d_j=1-e_j \tag{7-4}$$

其中，d_j 取决于信息熵e_j与 1 之间的差值。

第三，计算评价指标权重w_j，公式为

$$w_j = d_j / \sum_{i=1}^{m} d_j \tag{7-5}$$

其中，w_j 为评价指标 j 的权重值。

（三）TOPSIS 评价模型

TOPSIS 评价模型基本步骤如下。

（1）对 n 个评价对象选择 p 项评价指标进行综合评价（如果为负向指标，则正向化），原始矩阵如下：

$$X = \begin{bmatrix} x_{11} & x_{12} & \cdots & x_{1p} \\ x_{21} & x_{22} & \cdots & x_{2p} \\ \vdots & \vdots & & \vdots \\ x_{n1} & x_{n2} & \cdots & x_{np} \end{bmatrix}_{n\times p}$$

（2）对原始数据标准化，得到

$$G = \begin{bmatrix} g_{11} & g_{12} & \cdots & g_{1p} \\ g_{21} & g_{22} & \cdots & g_{2p} \\ \vdots & \vdots & & \vdots \\ g_{n1} & g_{n2} & \cdots & g_{np} \end{bmatrix}_{n\times p}$$

其中，数据标准化主要采用极大极小标准化法，见上文。

（3）构成加权的规范矩阵 Z，得到

$$Z = \begin{bmatrix} z_{11} & z_{12} & \cdots & z_{1p} \\ z_{21} & z_{22} & \cdots & z_{2p} \\ \vdots & \vdots & & \vdots \\ z_{n1} & z_{n2} & \cdots & z_{np} \end{bmatrix}_{n\times p}$$

其中，$z_{ij} = g_{ij} \times w_{ij}$，$i = 1,2,\cdots,n$，$j = 1,2,\cdots,p$。$w_j$ 为评价指标 j 的权重值，采用熵值法计算，见上文。

（4）由各个指标的最优值和最劣值分别构成最优向量值 Z^+ 和最劣向量值 Z^-。

$$Z^+ = \left(z_1^+, z_2^+, \cdots, z_p^+\right)$$

$$Z^- = \left(z_1^-, z_2^-, \cdots, z_p^-\right)$$

其中，$Z_j^+ = \left(z_{1j}, z_{2j}, \cdots, z_{nj}\right)$，$j = 1,2,\cdots,p$；$Z_j^- = \left(z_{1j}, z_{2j}, \cdots, z_{nj}\right)$，$j = 1,2,\cdots,p$。

（5）计算最优值和最劣值的距离：

$$D_i^+ = \sqrt{\sum_{j=1}^{p}\left(z_{ij} - z_j^+\right)^2},\ D_i^- = \sqrt{\sum_{j=1}^{p}\left(z_{ij} - z_j^-\right)^2} \tag{7-6}$$

（6）计算与最优值的相对接近度，即挤出效应评价值。公式为

$$C_i = \frac{D_i^-}{D_i^+ + D_i^-},\ i = 1,2,\cdots,n \tag{7-7}$$

（7）按照相对接近度大小排序，C_i越大，越接近于 1，表明越接近最优水平，C_i即评价对象的挤出效应评价值。

三、旅游劳务移民挤出效应实证检验

根据旅游劳务移民挤出效应测度方法，可对空间挤出和功能挤出进行计算，得出评价结果，并对挤出影响因素进行分析。

（一）空间挤出测度结果

空间挤出呈现“先下降，后上升”的正 U 形趋势。由表 7-3 可知，2018~2020 年大研古城旅游劳务移民空间挤出效应值在 0.5 左右波动。究其原因，一方面，在前期积累的作用下，空间挤出效应已经过半，表明旅游劳务移民可能已经导致半数以上的本地居民被挤出了大研古城；另一方面，伴随旅游劳务移民空间挤出效应的作用，当地政府在鼓励更多的本地居民回流，但新冠疫情的发生使本地居民认识到大研古城最基本的居住功能已经不太适合，导致空间挤出效应加重。

表 7-3　2018~2020 年空间挤出效应值运算结果

年份	2018	2019	2020
效应值	0.494 2	0.489 2	0.504 0

（二）功能挤出测度结果

功能挤出呈现“先上升，后下降”的倒U形趋势。由表 7-4 可知，2018~2020 年大研古城旅游劳务移民功能挤出效应普遍高于空间挤出。究其原因，一方面，功能挤出不仅包括旅游劳务移民的作用，也包括本地居民的作用，其实际值大于

空间挤出，但可表明丽江大研古城六成以上的地方已实现功能上“非旅—旅游”挤出。另一方面，大研古城功能挤出效应下降主要源自两点，一是新冠疫情作用。2020 年为非正常年份，疫情原因，大研古城 2 月旅游人数从往年 1 667 073 人下降至 50 314 人，导致很多经营户被迫关门，经营从业人员被迫离开，导致 2020 年功能挤出呈现大幅度下降。二是丽江大研古城经营项目管理作用。2019 年 2 月 21 日丽江古城保护管理局印发《丽江大研古城市场经营项目准入退出管理暂行管理办法》，对大研古城内经营活动进行限制，从而导致功能挤出效应下降。

表 7-4　2018~2020 年功能挤出效应值运算结果

年份	2018	2019	2020
效应值	0.566 1	0.602 5	0.419 3

（三）挤出影响因素分析

针对旅游劳务移民空间挤出效应过五成和功能挤出效应过六成的结果，对挤出影响因素进行分析，可得出生活成本过高、工作岗位不足、社区服务滞后、文化引力匮乏等因素对其有影响。

1. 生活成本过高

从评价结果来看，旅游劳务移民挤出效应已有较高水平。那么，为什么会出现这种现象呢？首要因素就是资本挤出引发的生活成本过高。伴随资本挤出发生，旅游地住房价格节节攀升，不仅诱使部分本地居民离开，也使原本属于这里的功能被挤出，从而形成两种结果：一是为了生活不得不前往旅游地外购买生活用品；二是被迫接受生活成本增加，不得不付出更多的生活成本。在旅游劳务移民空间挤出和功能挤出不断加重的过程中，生活成本不断增加，本地居民也随之不断离开。

2. 工作岗位不足

工作岗位不足也是加重旅游劳务移民挤出效应的重要因素。一般来说，只要有相对充足的经济来源，生活成本过高并不会加重挤出效应。但是随着成本挤出加重，本地居民被迫失业，缺少相对稳定的经济来源。尽管有些本地居民也从事旅游行业，但旅游劳务移民具有的高竞争性特征，导致经营处于高度竞争之中。在资本加持和理念加持的作用下，很多本地居民被迫放弃与之竞争，被迫转业，进一步加剧了挤出效应。

3. 社区服务滞后

伴随旅游劳务移民不断扩大，外地居民对本地居民的影响加深，但因社区服务滞后，加重了挤出效应。由于与本地居民的生活习惯差异，外地居民很可能会产生噪声，影响本地居民正常生活作息；由于大多数为租来的房子，外地居民很可能只享受权利，不认同自己的责任，加重了本地居民的原有义务；由于外来居民不熟悉当地习俗，可能会降低对社区活动的积极性，使本地社区活动得不到有效开展，同时医疗、教育等社会资源的享用也会受到一定程度的影响。在这些因素的作用下，再加上跟随挤出的作用，加重了挤出效应。

4. 文化引力匮乏

文化是本地居民离开的最后一道防线。当文化引力不再，本地居民对旅游地的留恋也随之消失，尤其是在孤立挤出作用下，本地文化成为一种少数文化，流行文化、酒吧文化等上升为一种主流文化，导致文化引力进一步下降。在文化引力匮乏的情况下，文化被更多地圈在一个固定空间，成为固定时节朝拜的对象，不断脱离本地居民。在文化作用下，更多本地居民选择离开旅游地，加剧了挤出效应。

四、本 章 小 结

本章研究内容可概括为以下三个方面。

首先，本章形成了旅游劳务移民挤出效应概念模型。选择流动压力、空间状态、挤出响应三个维度选取指标，构建 PSR 空间挤出概念模型；选择发展压力、经营状态、挤出响应三个维度选取指标，构建 PSR 功能挤出概念模型。在此基础上，建立 PSR 空间挤出和功能挤出评价指标体系。

其次，本章建立了旅游劳务移民挤出效应测度方法，以大研古城为研究对象，采用熵值法来计算各个指标的权重，采用 TOPSIS 评价模型来计算各个评价对象的空间挤出和功能挤出效应值。

最后，本章分析了旅游劳务移民挤出效应测度结果，得出大研古城旅游劳务移民空间挤出效应值在 0.5 左右波动，呈现“先下降，后上升”的正 U 形趋势；功能挤出效应普遍高于空间挤出效应，呈现“先上升，后下降”的倒 U 形趋势；挤出影响因素包括生活成本过高、工作岗位不足、社区服务滞后和文化引力匮乏等。

第八章　旅游劳务移民挤出效应调控

本章旨在调控旅游劳务移民挤出效应，主要解决“旅游劳务移民挤出效应管控”问题。首先，本章针对生活成本过高情况，提出了减少资本挤出的建议；其次，本章针对工作岗位不足的情况，提出了抑制成本挤出的建议；再次，本章针对社区服务滞后的情况，提出了调控跟随挤出的建议；最后，本章针对文化引力匮乏的情况，提出了避免孤立挤出的建议。

一、降低生活成本，减少资本挤出

（一）规范房屋流转

房屋流转次数过多不仅会过度抬高旅游地的房屋价格，也会损害当地人的收益权利。在很多旅游地，均存在很多二房东、三房东等情况，房屋被转手好多次，导致房屋价格一涨再涨，但本地居民的收益却没有得到有效提升。当然，在这一过程中，也有部分本地居民从中收获利益，但多次流转对旅游地是有害的。由于多次流转，不仅容易引起外地人的纠纷，也会使本地居民的声誉受到影响，甚至影响外地居民对本地居民的评价。为有效遏制房屋过度流转带来的生活成本过高现象，应明确“房住不炒”和“旅游地住房是用来发展旅游业的”要求，规范房屋流转行为，严格按照《中华人民共和国合同法》等相关法律，帮助本地居民了解相关法律知识，与房屋承租人签订规范的合同，限制承租人的流转行为，维护本地居民的合法权益。

（二）发展地摊经济

地摊经济是降低人民生活成本的重要方式，也是推动经济发展的重要形式。

规范的地摊经济不仅能够减轻生活成本，而且能够作为催化剂，为文化和旅游街区建设和夜间经济发展提供支持。由于现有租金格局难以打破，为降低经营成本，应允许在规定范围内从事地摊经济，以进一步活跃当地经济，打通生产者与消费者连接的渠道。可在现有布局的基础上，适度发展地摊经济。当然，还可以引入街头艺术和街头文化生活等形式，将本地居民的生活引入街头，在增加旅游吸引力的同时，降低本地居民的生活成本。

（三）开辟环绕市场

伴随旅游发展，很多旅游地变为纯旅游空间，即为旅游者提供服务的空间。纯旅游空间给旅游开展带来极大便利，但同时也会加剧挤出效应。由于旅游消费的特点，商品价格将得到一定程度的提升，原本为居民提供生活用品的市场将不得不迁出。为减抑生活商品价格的过快提升，可在旅游地周边开辟环绕市场，专门为旅游地生活的居民提供日常的生活用品，来降低居民的生活成本，吸引本地居民回流。此外，可在旅游地周边开辟公益市场，以较少的租金提供市场平台，以此来降低旅游地生活成本。

二、增加工作岗位，抑制成本挤出

（一）落实招工制度

根据对大研古城的调研得知，“所有经营户，从业人员有 5 人（含 5 人）以上的，本地居民应占总人数的70%以上，5人以下的至少要有1名本地居民”。但在具体实践中，部分商铺并没有按照招工制度进行招工，而是通过共用、冒用等形式逃避检查。旅游地有关部门应加大执法力度，加强对经营户招工行为的监督，保护本地居民的合法权利，积极落实现有招工制度。同时，不断加大对本地居民的旅游从业培训力度，尤其加强语言沟通、服务态度和职业素质等方面的培训，使之能够提升自身的工作技能，提高在劳动市场的竞争力，避免被外地居民挤出；远期也可进一步建立用工补贴制度，即经营户使用 1 名本地居民，给予相应的补贴，多使用多补贴。

（二）鼓励自主创业

通过实践可以发现，外地老板更喜欢外地工人，本地老板更喜欢本地工人。那么，鼓励自主创业就可以增加本地老板的数量，从而增加本地工人的用工需求。旅游地有关部门可以专门提供低息自主创业贷款，鼓励本地居民积极利用自己原来的住房自主创业；也可吸引本地优秀大学生返乡创业，提供创业启动资金，建立创业保障机制，鼓励本地居民开办本地企业。另外，可以建立自主创业平台，使用国家有关创新创业的政策，积极将减税降费有关政策惠及创业者；也可以开展创业培训，建立创业导师机制，鼓励本地居民积极加入自主创业的行列中来。

（三）开发公益岗位

公益岗位由政府出资，开发以满足公共利益为目的的管理和服务岗位。为推动本地居民就业，可以设立一些公益岗位，吸引本地居民加入公益岗位中来。公益岗位可以充分发挥本地居民熟悉本地情况的优势，提升本地的管理和服务水平，可采用以事定岗、以岗设人的策略，扩大本地居民的就业机会，减少成本挤出带来的冲击。此外，在开放公益岗位过程中，可加强对妇女、老人等特殊群体和残疾人等弱势群体的政策性倾斜，保护本地居民的合法权益，抑制成本挤出的不断发展。

三、改善社区服务，调控跟随挤出

（一）推进租住同责

面对旅游地大面积房屋被出租的现实，应推进租住同责。根据古城保护管理局介绍，丽江大研古城大部分为私房，占 90%以上，而政府所占有的公房面积少之又少。从对其他旅游地的了解中，大部分地方均出现私房大于公房的现象，那么政府对旅游地住房的实际管控能力将为之下降，出现大面积的“租住分离”，即租户和住户分离的现象。但在政府管理过程中，通常按照实际居住者或实际所有者来进行管理，导致“权责分离”。针对这种情况，应全面采取“租住同责”的治理措施，将社区责任同等落实到租户和住户。该措施可实现两个目的：一是降低本地居民流失，即搬出社区也要承担原有社区的责任，维护古建筑完整性和原真性，落实保护责任，减少跟随挤出；二是提升外地居民责任意识，以规范其自身行为，引导其自觉加入保护和发展旅游地的行动中来。

（二）提升服务水平

提升服务水平是缓解社会矛盾的重要举措，可以提升本地居民的幸福感，调控跟随挤出。在旅游劳务移民发生过程中，旅游地也在不断发生变化，从开始的平衡状态转化为不平衡状态。移民的进入不仅使人口结构有一定的变化，增加本地的人口比例；同时，也会影响本地居民的生活态度，使原住居民的居留意愿发生变化，改变了本地居民和移民的居留意愿。这种社会矛盾主要来自两点：一个是移民和本地居民之间的矛盾；另一个是移民之间的矛盾。移民和本地居民处于不同的空间，因此形成了旅游地最为严重的社会矛盾，主要就是对旅游地发展的态度分歧上的矛盾；移民之间的矛盾主要是具体矛盾，可能包含对某一认识的看法不同而形成的具体矛盾。在此背景之下，提升服务水平就变得十分重要，不仅关系着移民和本地居民之间的社会关系维护，也关系着移民之间的利益分歧。对于古城来说，提升服务水平就是要缓解“新丽江人”和“老丽江人”之间的矛盾，建立相应的沟通机制和治理机制，积极减少社会矛盾。

（三）激发社区活力

激发社区活力是提升社区吸引力的重要举措，可以提升旅游地社区的持续吸引力，促进社区融入。在旅游劳务移民发展过程中，原有社区呈现出一种“病态”，即原有社区不断分化，而新的社区没有形成。这种“病态”一方面表现为旅游业快速发展带给旅游地的变化是迅速的，短时间内很难使原住居民接受这种变化，故而采用离开的方式来表达对现状的不满；另一方面表现为旅游业发展对社区组织的影响也是巨大的，难以采用有效的方式加以应对，致使这种现象愈演愈烈。究其原因，主要源自社区功能的弱化，使原有社区丧失了社会发展的活力。社区功能的弱化使原有的熟人社会变得更加陌生，甚至出现“陌生离散”的现象，即所在社区人口不仅相互之间处于陌生状态，而且由于没有凝聚力，还存在进一步离散的趋势。为应对这种变化，旅游地社区应采用强社区的政策，激发社区活力。首先，强社区首要是强组织，需建立统一的社区自我管理组织。旅游地社会是一个流动性很大的社会，对这样的社会进行管理需要借鉴国际移民社区的经验，在少干扰的情况下，建立自发性社会组织。其次，强社区次要的是强服务，需建立统一的社区服务平台。社区的发展需要以服务为基础，要建立社区服务供应制度，平等地为外地居民和本地居民提供社会服务。例如，在古城中不仅要有消费服务，更需要为本地居民提供生活服务，如购物市场的设置。最后，强社区最重要的是强认同，需建立统一的社区沟通机制。这样的沟通机制就是加强社区的认同感，使外地居民和本地居民共同感受到来自社区对自身的认可。可以发起一些社区间的比赛活动，或者通过一些对方的节日，增加社区内部和社区之间的交往频率。

四、提升文化引力，避免孤立挤出

（一）活化文化庭院

文化庭院是大研古城为解决文化挤出问题而采取的具体措施，但效果并不十分明显。可以这样理解，文化庭院就是本地传统文化的阵地，肩负着传统文化复兴的使命。根据对文化庭院的观察，主要问题是活化程度不高。目前庭院仅提供参观游览功能及文化打卡功能，对游客的吸引力不高，对本地传统文化挖掘不够。文化的传播需要一定的形式和物品，只有物品而没有吸引人的形式将使文化离人民群众越来越远。活化文化庭院必须充分利用文化庭院的平台功能，将之打造成为文化研学平台、文化活动平台和文化服务平台。即开发文化庭院的研学功能，定期举办文化课堂，使更多的人可以学习当地的传统文化；开发文化庭院的活动功能，定期举办相应的文化活动，使更多的人认识到文化的价值；开发文化庭院的服务功能，定期开展文化进商铺活动，发挥文化为民的作用，拉近文化与广大居民的距离。

（二）强化文化创新

强化文化创新是提升本土文化竞争力的重要举措。在旅游劳务移民发展过程中，旅游地文化不可避免地要与不同的外来文化接触，这种文化可能来自旅游者本身，也有可能来自这里的移民。移民的到来加速了这种文化交流，使这种文化可以在长时间的接触中形成文化发展。强化文化创新就是要具备“以我为主，为我所用”的精神，接受多种文化并存的现实，充分调动本土文化主动性，吸收借鉴一切先进文化。但是，强化文化创新并不是要失去自我文化的主导地位，一定要保持地方文化主导下的多元文化发展。对于丽江来说，就是要在纷繁复杂的多元文化之中，发挥东巴文化的主导作用，借鉴其他文化的先进之处进行发展。

（三）深化文化内涵

深化文化内涵是提升文化吸引力的重要举措，有利于减少文化冲突。文化是旅游地的灵魂，是旅游地赖以发展的基础性条件[151]。在旅游地发展过程中，面对各种外来文化的入侵，本土文化处于弱势地位。在弱势地位限制之下，传统文化存在“文化节日化”的趋势，即仅在节日期间才能够看到，而在其他时间不能得以表现。而且，由于移民与本地居民对文化内涵理解存在差异，文化发展出现了“畸形”现象，即文化发展背离原有内涵。对于移民来说，来自不同地方的文化形成了多种文化的强势发展，使本地居民对自身文化的认同感有所下降，进而学习外来文化，甚至忘记传统文化。鉴于这种情况，旅游地文化应保持传统，稳定文化内涵。首先，保传统要保护传承人，建立传承人保护政策。建立文化传承人传承制度，使传承人有专门的场所进行传承，鼓励更多人关注文化传承，学习传统技艺。其次，保传统要保护传承地，建立传承保护平台。以古城为例，古城内的所有商铺不能被外地居民全部占领，应保持一些具有地方特色的场所，通过一些政策，吸引本地居民留下，或者由政府或企业进行专门维护。最后，保传统要保护创新性，建立传统文创鼓励政策。每个时代都有每个时代的文化特点，每个时代的消费者都有自己的消费倾向，应出台文创鼓励政策，鼓励传统文化的时代创新，打造更多人们喜闻乐见的传统文化创意产品。

第九章　结论与展望

本章旨在对旅游劳务移民及其挤出效应的研究进行总结和展望。首先，在对旅游劳务移民的理论、状况、形成和影响等研究结果进行分析的基础上，提出主要结论；其次，指出本书存在的不足之处，并结合旅游劳务移民研究的现状，指出未来研究的相关主题及方向，以有助于未来相关研究的开展。

一、研 究 结 论

（一）旅游劳务移民是一种特殊形态的移民现象

旅游劳务移民是一种特殊形态的移民，主要体现在概念、特征、类型、分布、发展演化和表现形式等多个方面。从概念上看，旅游劳务移民是由于旅游发展而引致的劳务移民现象，区别于其他劳务移民现象；从特征上看，旅游劳务移民存在旅游驱动性、目的劳务性、过程动态性和时间长期性四个基本特征，其中旅游驱动性区别于其他劳务移民；从类型上看，旅游劳务移民可分为季节性和永久性，区别于其他劳务移民；从分布上看，旅游劳务移民存在固定分布、季节分布和环形分布三种形态；从发展演化来看，旅游劳务移民会随着旅游地生命周期而呈现出零散、规模和调整三个阶段；从表现形式来看，旅游劳务移民表现为空间迁移和社会迁移，两者分别作用于旅游劳务移民的数量和居留时间，共同推动旅游劳务移民的发展。

（二）旅游劳务移民空间迁移和社会迁移发展存在差异

旅游劳务移民空间迁移和社会迁移存在差异，社会迁移比率要远小于空间迁移比率。2020 年社会迁移与旅游劳务移民的迁入率大致为 8%；空间迁移与旅游劳务移民比例一致，大致占比 81.21%，每 8 个空间迁移会产生 1 个社会迁移。此外，旅游劳务移民的空间迁移动机大多为个人理想，主要途径为实现理想，返乡模式大多为淡季返回家乡；旅游劳务移民的社会迁移居留意愿与居留时间呈现倒 U 形关系，工作意愿与居留时间呈现正 U 形关系，融入意愿与居留时间呈现正 U 形关系。

（三）旅游劳务移民形成取决于旅游地和个体性条件

旅游劳务移民形成包含旅游地条件和个体性条件，其形成机制是两者的推力和拉力的共同作用。旅游地条件更多表现为旅游劳务移民的客观性因素，包括旅游发展、生活环境和公共服务；个体性条件更多表现为旅游劳务移民的主观性因素，包括职业收益、社会融入和地方依恋；通过QCA进行检验发现，旅游劳务移民迁入意愿与旅游发展、生活环境、公共服务、职业收益和地方依恋均存在关系，解释力较强，但不是必要条件；旅游发展和公共服务与旅游劳务移民迁出密切相关，覆盖度超过了0.9，为必要条件。基于以上认识得出，旅游劳务移民的形成包括“环境-职业”型、“环境-融入”型和“职业-融入”型三种模式，其中“环境-职业”型在旅游劳务移民中占据主导地位。

（四）旅游劳务移民挤出效应包括空间挤出和功能挤出

旅游劳务移民挤出效应是由于旅游劳务移民而引致目的地原有空间和功能被挤出的现象。旅游劳务移民形成机理是三条逻辑线索共同作用的结果，包含主线、副线、逆线三条逻辑线索，主线是“涌入”到“挤出”，副线是“拥挤”到“挤出”，逆线是“挤出”到“涌入”，最终产生了资本挤出、成本挤出、跟随挤出和孤立挤出四种模式，形成了空间挤出和功能挤出两种作用。空间挤出和功能挤出的差异性主要体现在时间先后不同、主次关系不同和作用方式不同；空间挤出和功能挤出的统一性主要体现在性质统一性、过程统一性和结果统一性。

（五）旅游劳务移民功能挤出效应值高于空间挤出

旅游劳务移民功能挤出效应值高于空间挤出。根据 PSR 框架，构建 PSR 空间挤出概念模型和 PSR 功能挤出概念模型，建立 PSR 空间挤出和功能挤出评价指标体系，并采用 TOPSIS 模型计算挤出效应值得出：大研古城旅游劳务移民空间挤出效应值在 0.5 左右波动，呈现“先下降，后上升”的正 U 形趋势；功能挤出效应值在 0.5 以上，呈现“先上升，后下降”的倒 U 形趋势；挤出影响因素包括生活成本过高、工作岗位不足、社区服务滞后和文化引力匮乏等。

（六）旅游劳务移民挤出效应治理需调控挤出模式

旅游劳务移民挤出效应治理需控制挤出模式。首先，提出了“降低生活成本，减少资本挤出”的建议，包括规范房屋流转、发展地摊经济和开辟环绕市场等措施。其次，提出了“增加工作岗位，抑制成本挤出”的建议，包括落实招工制度、鼓励自主创业和开发公益岗位等措施。再次，提出了“改善社区服务，调控跟随挤出”的建议，包括推进租住同责、提升服务水平和激发社区活力等措施。最后，提出了“提升文化引力，避免孤立挤出”的建议，包括活化文化庭院、强化文化创新和深化文化内涵等措施。

二、主 要 创 新

本书可能存在的主要创新点集中在研究视角、研究内容和研究方法三个方面。

（一）研究视角创新

在梳理旅游劳务移民影响效应理论基础上，选取旅游劳务移民挤出效应进行研究，可能会成为一个创新点。挤出效应不仅包含社会层面挤出，也有一定的经济层面挤出，是旅游劳务移民影响效应的重要方面，却长期处于被忽略的状态。通过对挤出效应的研究，可以更加真切地把握旅游劳务移民的负面效应，推动旅游地对旅游劳务移民的管理，促进旅游地可持续发展。

（二）研究内容创新

结合地理流动和空间流动理论，提出了旅游劳务移民包含空间迁移和社会迁移两种表现形式，可能会成为本书的一个创新点。在对旅游劳务移民研究中，发现旅游劳务移民存在“双迁移”现象，两种表现形式存在时间先后，两者相互作用，其规模并不相同，成因也有所不同，影响也有所不同。通过对“双迁移”现象的认识，可以更加深刻地了解旅游劳务移民的变化过程，提升对旅游劳务移民的管理意识。

（三）研究方法创新

在前人的研究基础上选取多种方法，结合对旅游劳务移民形成原因、挤出效应测度进行定性和量化的混合研究，可能会成为本书的一个创新点。在旅游劳务移民成因研究中，创新性采用QCA进行研究，为研究移民成因提供了新的方法路径；在旅游劳务移民挤出效应研究中，创新性地采用 PSR 模型和 TOPSIS 模型对挤出效应值进行测度，为测度移民挤出效应提供了方法和路径。

三、研究不足

本书的研究不足主要表现在理论研究、指标选取和数据获取三个方面。

（一）理论研究不足

本书旅游劳务移民及其挤出效应研究，对劳务迁出地的影响以及对个人的影响并没有过多涉及。通过对旅游劳务移民形成机理研究，得出旅游劳务移民存在旅游地条件和个体性条件两种因素，并且限于作者研究背景，仅对旅游劳务移民挤出效应进行了探讨，而未对其他影响探讨。

（二）指标选取不足

本书在指标选取上仅根据指标的科学性、可行性和可获取性获取空间挤出和功能挤出的指标，而指标涉及维度不够深入，仅能从整体角度对效应值进行测度。空间挤出和功能挤出可以进一步采用更加具体的数据加以测量，如房屋的使用性质等，但限于本人的研究情况以及古城的统计情况，暂未能获取。

（三）数据获取不足

由于旅游劳务移民需要进一步从旅游地所有迁移人口中筛选，而相关统计中仅有迁移人口和人户分离（流动人口）的统计，故没有办法获取二手数据，仅能通过实地调研对旅游劳务移民进行调查。但在调查过程中，部分旅游劳务迁移人口由于惧怕扣工资、自由时间不充裕和表达能力有限等条件所限，并不能直面调查，相关数据与实际的数据可能存在一定偏差，从而无法获取全面完整的数据。

四、研 究 展 望

本书针对旅游劳务移民的研究，从相关理论、发展评价和社会融入研究三个方面对未来相关研究提出一些展望。

（一）相关理论研究

从理论发展来看，未来旅游劳务移民形成机理仍旧会是一个研究重点。目前旅游劳务移民理论研究仅限于理论构建，并多集中于旅游地角度，对劳务迁出地和个人发展的影响暂没有涉及。未来可对构建的理论模型进行验证性研究，采用量化手段来说明旅游劳务移民的形成机理，并可进一步开拓旅游劳务移民对劳务迁出地和个人倾向性的影响研究。

（二）发展评价研究

从旅游地的角度来看，对未来旅游劳务移民的评价研究将成为焦点。伴随旅游地的发展，旅游劳务移民发展将成为一个重要问题，其发展水平将成为一个重要的研究对象。未来可采用多个案例地，建立旅游劳务移民与发展水平的评价指标体系，并进行比较研究。同时可利用地理学的研究方法，用地图的方式加以呈现，以对其发展水平有一个更为清晰的认识。

（三）社会融入研究

从目前研究现状来看，旅游劳务移民社会融入研究将成为未来研究的重点。旅游劳务移民是一种社会现象，现在存在的最大的问题就是该群体与旅游地社会的融入问题。许多学者已对社会融入进行了研究，可进一步延伸相关研究，对其融入机制进行量化研究。未来相关研究可结合具体案例地，对旅游劳务移民社会融入影响因素进行梳理，并可利用结构方程模型对其融入机制进行探讨。

参 考 文 献

[1] 路阳. 全球化时代国际劳务移民治理析论[J]. 华侨华人历史研究，2020，（2）：41-52.

[2] 王兆华，马俊华，张斌，等. 空气污染与城镇人口迁移：来自家庭智能电表大数据的证据[J]. 管理世界，2021，37（3）：13，19-33.

[3] 夏怡然，陆铭. 城市间的“孟母三迁”——公共服务影响劳动力流向的经验研究[J]. 管理世界，2015，（10）：78-90.

[4] 林李月，朱宇，柯文前. 城镇化中后期中国人口迁移流动形式的转变及政策应对[J]. 地理科学进展，2020，39（12）：2054-2067.

[5] Ralf B，Fatemeh S，Zohre M，et al. World heritage tourism triggers urban—rural reverse migration and social change[J]. Journal of Travel Research，2020，59（3）：559-572.

[6] 田里，钟宏伟，宋俊楷. 旅游劳工移民对迁入地的影响研究——基于二象对偶论的实证分析[J]. 西北人口，2021，42（4）：20-30.

[7] Williams A M，Hall C M. Guest editorial：tourism and migration[J]. Tourism Geographies，2000，2（1）：2-4.

[8] 杨钊. 旅游移民研究体系分析及九华山旅游劳工转移和移民研究[D]. 安徽师范大学硕士学位论文，2005.

[9] 黎慧，苏勤. 国内外旅游移民研究比较与展望[J]. 云南地理环境研究，2012，24（6）：16-21，34.

[10] 杨钊，陆林. 旅游移民研究体系及方法初探[J]. 地理研究，2008，（4）：949-962.

[11] Rodriguez V. Tourism as a recruiting post for retirement migration[J]. Tourism Geographies，2001，3（1）：52-63.

[12] Williams A M，Hall C M. Tourism and migration：new relationships between production and consumption[J]. Tourism Geographies，2000，2（1）：5-27.

[13] Bell M，Ward G. Comparing temporary mobility with permanent migration[J]. Tourism Geographies，2000，2（1）：87-107.

[14] 张业臣，卢松，余伶莲，等. 古村落旅游移民微观迁移动机研究——以世界文化遗产宏村

为例[J]. 旅游科学，2018，32（5）：54-66.

[15] Walker E，Brown A. What success factors are important to small business owners?[J]. International Small Business Journal，2004，22（6）：577-594.

[16] King R，Warnes A M，Williams A M. International retirement migration in Europe[J]. International Journal of Population Geography，1998，4（2）：91-111.

[17] Vaugeois N，Rollins R. Mobility into tourism refuge employer?[J]. Annals of Tourism Research，2007，34（3）：630-648.

[18] Getz D，Carlsen J. Characteristics and goals of family and owner-operated businesses in the rural tourism and hospitality sectors[J]. Tourism Management，2000，21（6）：547-560.

[19] Rodriguez V，Fernandez-Mayoralas G，Rojo F. European retirees on the costa del sol：a cross-national comparison[J]. International Journal of Population Geography，1998，4（2）：183-200.

[20] Moon B. Paradigms in migration research：exploring "moorings" as a schema[J]. Progress in Human Geography，1995，19（4）：504-524.

[21] Williams A M，King R，Warnes T. A place in the sun：international retirement migration from northern to southern Europe[J]. European Urban and Regional Studies，1997，4（2）：115-134.

[22] Turismo M. Sintesis del informe sobre la imagen exterior de espana. aspectos comerciales, tunsticos e inversores[J]. Boletin Economico ICE，1995，2489：25-32.

[23] 杨钊，程豪. 中国自然观光地旅游企业主移民微观驱动力研究——以黄山汤口为例[J]. 地理研究，2018，37（5）：954-966.

[24] 杨钊，陆林. 基于职业特性驱动的旅游劳工转移比较研究[J]. 地理研究，2006，（6）：1125-1133.

[25] 韩宸辰，张业臣. 基于社区场域理论的旅游移民社会融合过程研究——以世界遗产宏村为例[J]. 南昌师范学院学报，2022，43（2）：40-44.

[26] 阿荣娜，孙九霞. 从异化到共鸣：旅游小企业主移民向往的生活[J]. 人文地理，2021，36（4）：97-103.

[27] Rowles G D，Watkins J F. Elderly migration and development in small communities[J]. Growth and Change，1993，24（4）：509-538.

[28] Joppe M. Migrant workers：challenges and opportunities in addressing tourism labour shortages[J]. Tourism Management，2012，33（3）：662-671.

[29] Kearsley G. Rural tourism in Otago and Southland，New Zealand[J]. Tourism and Recreation in Rural Areas，1998，（1）：81-95.

[30] 饶勇. 旅游开发背景下的精英劳动力迁入与本地社区边缘化——以海南三亚为例[J]. 旅游学刊，2013，28（1）：46-53.

[31] O'Reilly K. A new trend in European migration：contemporary British migration to Fuengirola, Costa del Sol[J]. Geographical Viewpoint，1995，23（1）：25-36.

[32] Sheller M. The new caribbean complexity：mobility systems，tourism and spatial rescaling[J]. Singapore Journal of Tropical Geography，2009，30（2）：189-203.

[33] Dwyer L，Seetaram N，Forsyth P，et al. Is the migration-tourism relationship only about VFR?[J]. Annals of Tourism Research，2014，46（1）：130-143.

[34] 洪颖，王晨娜. 城市新移民：旅游劳务移民及相关理论方法[J]. 云南师范大学学报（哲学社会科学版），2011，43（3）：144-150.

[35] Burkart A J，Medlik S. Tourism：Past，Present and Future[M]. London：Heinemann，1981.

[36] Szivas E，Riley M，Airey D. Labor mobility into tourism：attraction and satisfaction[J]. Annals of Tourism Research，2003，30（1）：64-76.

[37] Lundmark L. Mobility，migration and seasonal tourism employment：evidence from Swedish Mountain municipalities[J]. Scandinavian Journal of Hospitality and Tourism，2006，6（3）：197-213.

[38] 杨钊，陆林. 九华山旅游劳工移民行为特征分析[J]. 资源开发与市场，2007，（2）：171-175.

[39] 丁玲. 自然观光地旅游劳工移民源空间变化及其影响因素分析[D]. 安徽师范大学硕士学位论文，2017.

[40] 张娇. 丽江旅游劳工移民的地方融入研究[D]. 陕西师范大学硕士学位论文，2018.

[41] 杜春燕，杜永波，毛颖. 旅游劳工移民的文化身份建构——基于文化适应视角的个案研究[J]. 旅游研究，2010，2（2）：26-29.

[42] 李志鹏. 拉萨八廓街旅游劳工移民地方融入研究[D]. 陕西师范大学硕士学位论文，2019.

[43] 陈璐. 社会氛围、地方依恋对旅游劳工移民价值共创行为的影响研究[D]. 华侨大学硕士学位论文，2020.

[44] 曾丽艳. 旅游从业者流入现象研究[D]. 湖南师范大学硕士学位论文，2009.

[45] 崔芳芳，徐红罡. 西递旅游劳工移民迁移动因研究[J]. 资源开发与市场，2012，28（10）：908-912，916.

[46] King R. Tourism，labour and international migration[J]. European Tourism：Regions，Spaces and Restructuring，1995，（1）：177-190.

[47] Edensor T. Performing tourism，staging tourism：（Re）producing tourist space and practice[J]. Tourist Studies，2001，1（1）：59-81.

[48] Eaton M. British expatriate service provision in Spain's costa del sol[J]. Service Industries Journal，1995，15（2）：251-266.

[49] Hall C M，Page S. Tourism in the Pacific：Issues and Cases[M]. London：International Thomson Business Press，1997.

[50] Gustafson P. Transnationalism in retirement migration：the case of North European retirees in Spain[J]. Ethnic and Racial Studies，2008，31（3）：451-475.

[51] 张倩帆. 旅游移民的社会互动研究——以大理古城小企业主旅游移民为例[D]. 中山大学硕士学位论文，2016.

[52] 马少吟，徐红罡. 从消费到生产：大理古城生活方式型旅游企业主移民的生存特征[J]. 旅游学刊，2016，31（5）：81-88.

[53] Henderson J. Building the rural economy with high-growth entrepreneurs[J]. Economic Review，2002，87（3）：45-70.

[54] 李艳凝，徐红罡. 游客还是居民——旅居拉萨和尼泊尔的自主经营者[J]. 旅游论坛，2009，2（2）：182-187.

[55] Gossling S，Schulz U. Tourism-related migration in Zanzibar，Tanzania[J]. Tourism Geographies，2005，7（1）：43-62.

[56] Osbaldiston N. Chasing the idyll lifestyles：the seachange problem[J]. Social Alternatives，2009，29（1）：54-57.

[57] Konan D E. Limits to growth：tourism and regional labor migration[J]. Economic Modelling，2011，28（1/2）：473-481.

[58] Szivas E，Riley M. Tourism employment during economic transition[J]. Annals of Tourism Research，1999，26（4）：747-771.

[59] Stone I，Stubbs C. Enterprising expatriates：lifestyle migration and entrepreneurship in rural southern Europe[J]. Entrepreneurship and Regional Development，2007，19（5）：433-450.

[60] Gil-Pareja S，Llorca-Vivero R，Martínez-Serrano J A. The impact of embassies and consulates on tourism[J]. Tourism Management，2007，28（2）：355-360.

[61] Benson M. Landscape，imagination and experience：processes of emplacement among the British in rural France[J]. The Sociological Review，2010，58（2）：63-77.

[62] 杨钊，陆林. 旅游劳工职业转换动力实证分析——以九华山为例[J]. 旅游学刊，2006，（2）：76-81.

[63] 杨钊，程豪. 自然观光地旅游企业主移民定居驱动机制探析——以黄山汤口为例[J]. 地理研究，2019，38（5）：1147-1161.

[64] 姜辽，李甜甜. 周庄古镇旅游劳工移民的存在主义分析[J]. 旅游科学，2016，30（2）：15-23.

[65] Irimias A，Michalko G. Hosting while being hosted：a perspective of Hungarian migrant hospitality workers in London，UK[J]. Tourism & Hospitality Research，2016，16（2）：172-183.

[66] Kim W G，Choi H M，Li J. Antecedents and outcomes of migrant workers' sociocultural adjustment in the hospitality industry[J]. International Journal of Hospitality Management，

2016，58（1）：1-12.

[67] Thulemark M. Community formation and sense of place - seasonal tourism workers in rural Sweden[J]. Population，Space and Place，2017，23（3）：1-11.

[68] 方德敏，杨钊. 自然观光地旅游企业主移民地方感研究——以九寨沟为例[J]. 云南地理环境研究，2017，29（5）：28-37.

[69] 王舒媛，白凯. 西安回坊旅游劳工移民的地方依恋与幸福感[J]. 旅游学刊，2017，32（10）：12-27.

[70] 聂媛，杨钊. 自然观光地旅游劳工从业特征与空间分布的性别差异研究——以九寨沟、黄山为例[J]. 资源开发与市场，2014，30（3）：275-280.

[71] Montanari A，Cortese A. Third World Immigrants in Italy[M]. London：Belhaven Press，1993.

[72] Baum T. Human resources in tourism：still waiting for change[J]. Tourism Management，2007，50（6）：1383-1399.

[73] Costello L. Urban-rural migration：housing availability and affordability[J]. Australian Geographer，2009，40（2）：219-233.

[74] 杨钊，张捷，蔡永寿，等. 基于中外五区比较的旅游劳工行业流动规律分析[J]. 地理研究，2011，30（3）：447-462.

[75] 郭凌，吉根宝，罗良伟. 从游客到旅居者：旅游中的“新移民”研究——基于对四川泸沽湖民族景区旅游经营者的调查[J]. 贵州民族研究，2015，36（5）：157-160.

[76] 何豫皖，徐龙梅，杨钊. 自然观光地旅游劳工移民社会融合结构及其影响因素分析——以九寨沟为例[J]. 安徽农业大学学报（社会科学版），2017，26（6）：72-79.

[77] 白凯，王晓娜. 社会氛围对旅游劳工移民地方融入的影响研究——以丽江古城为例[J]. 人文地理，2018，33（5）：133-142.

[78] 程娇娇，陈志钢，袁超，等. 旅游企业主移民的生活满意度与地方认同关系研究——以丽江古城为例[J]. 浙江大学学报（理学版），2018，45（5）：634-641.

[79] 饶勇. 分工演进、文化差异与少数民族社区的旅游经济发展——基于海南三亚回族村与六盘黎族村的经济社会学分析[J]. 思想战线，2012，38（3）：120-124.

[80] 杨钊，陆林，陆应诚. 九华山旅游劳工转移模式及从业感知研究[J]. 安徽师范大学学报（自然科学版），2007，（2）：177-180.

[81] 梁微，徐红罡，Thomas R. 大理古城生活方式型旅游企业的动机和目标研究[J]. 旅游学刊，2010，25（2）：47-53.

[82] 和灿芬. 丽江古城生活方式型旅游小企业主移民社会认同及社区影响研究[D]. 云南大学硕士学位论文，2016.

[83] 杨钊. 自然观光地旅游劳工移民源空间分布格局及入迁、定居驱动力研究——以九寨沟、黄山为例[D]. 南京大学博士学位论文，2012.

[84] 沙爱霞. 生态移民区旅游劳工移民转移研究——以宁夏镇北堡镇为例[J]. 人文地理，

2009，24（3）：107-110.
[85] 王舒媛. 旅游劳工移民的地方依恋与幸福感研究[D]. 陕西师范大学硕士学位论文，2018.
[86] 黄琦珂. 民族与宗教因素对旅游劳工移民地方融入的影响研究[D]. 陕西师范大学硕士学位论文，2018.
[87] Ravenstein E G. The laws of migration[J]. Journal of the Royal Statistical Society，1889，52（2）：241-305.
[88] Lee E S，Iceland J D，Matthews S A. A theory of migration[J]. Demography，1966，（1）：47-57.
[89] Herberle R. The cause of rural-urban migration：a survey of German theories[J]. American Journal of Sociology，1938，43（6）：932-956.
[90] Todaro M P. A model of labor migration and urban unemployment in less developed countries[J]. The American Economic Review，1969，59（1）：138-148.
[91] 托达罗 M P. 第三世界的经济发展学[M]. 印金强，等译. 北京：中国人民大学出版社，1988.
[92] Blalock H M，Blau P M，Duncan O D，et al. The American occupational structure[J]. American Sociological Review，1967，33（2）：296.
[93] Lewis A. Economic development with unlimited supplies of labour[J]. The Manchester School of Economic and Social Studies，1954，22（2）：139-191.
[94] 李袁园. 中国省际人口迁移和区域经济发展研究[D]. 吉林大学博士学位论文，2013.
[95] Piore J M. Birds of Passage：Migrant Labor and Industrial Societies[M]. New York and London：Cambridge University Press，1979.
[96] 万能. 中国大城市的非正式人口迁移研究[D]. 南开大学博士学位论文，2009.
[97] 配第 W. 政治算术[M]. 马妍译. 北京：中国社会科学出版社，2010.
[98] 柏拉图. 理想国[M]. 侯建译. 台北：联经出版事业股份有限公司，1980.
[99] 斯密 A. 国富论[M]. 陈星译. 北京：北京联合出版公司，2013.
[100] Schultz T W. Investment in human capital[J]. The American Economic Review，1961，51（1）：1-17.
[101] Becker G S. Human Capital：A Theoretical and Empirical Analysis，with Special Reference to Education[M]. Chicago：University of Chicago Press，1994.
[102] Myers S M. Childhood migration and social integration in adulthood[J]. Journal of Marriage & Family，1999，61（3）：774-789.
[103] Da Vanzo J. Difference between return and non-return migration，an econometric analysis[J]. International Migration Review，1976，10（1）：13-27.
[104] Christaller W. Some considerations of tourism location in Europe：the peripheral regions-under-developed countries-recreation areas[J]. Regional Science Association Papers，1963，

（12）：103-105.

[105] Butler R W. The concept of a tourist area cycle of evolution：Implications for management of resources[J]. Canadian Geographer，1980，24（1）：5-12.

[106] Stark O. Rural-to-urban migration in LDCs：a relative deprivation approach[J]. Economic Development & Cultural Change，1984，32（3）：475-486.

[107] Stark O，Taylor J E. Relative Deprivation and Migration：Theory，Evidence，and Policy Implications[M]. Washington：World Bank Publications，1991.

[108] 赵琦睿，许鹏飞. 论移民管理改革背景下国际移民概念的界定[J]. 武警学院学报，2020，36（9）：21-27.

[109] 上海辞书出版社. 辞海（第 7 版）[M]. 上海：上海辞书出版社，2019.

[110] 中国社会科学院语言研究所词典编辑室. 现代汉语词典（全新修订第 7 版）[M]. 北京：商务印书馆，2018.

[111] 吕国泉，李嘉娜，淡卫军，等. 中国海外劳务移民的发展变迁与管理保护——以移民工人维权和争议处理为中心的分析[J]. 华侨华人历史研究，2014，（1）：1-17.

[112] 尚毅. 国际劳工移民治理的路径、机制与模式[J]. 武大国际法评论，2017，1（3）：75-89.

[113] 吴悦芳，徐红罡. 基于流动性视角的第二居所旅游研究综述[J]. 地理科学进展，2012，31（6）：799-807.

[114] O'Reilly K. When is a tourist? The articulation of tourism and migration in Spain's costa del sol[J]. Tourist Studies，2003，3（3）：301-317.

[115] 王洪娜. 山东省人口迁移流动与区域经济发展研究[D]. 吉林大学博士学位论文，2015.

[116] 王胜今. 人口社会学[M]. 长春：吉林大学出版社，2004.

[117] 朱曰强. 威廉·配第的人口价值思想[J]. 人口与经济，1984，（6）：45-47.

[118] Nations U. Methods of Measuring Internal Migration，Manual VI[M]. New York：United Nations Publications，1970.

[119] Lee E S，Lee A S. Internal migration statistics for the United States[J]. Journal of the American Statistical Association，1960，55（292）：664-697.

[120] 刘铮，李竞能. 人口理论教程[M]. 北京：中国人民大学出版社，2000.

[121] 黄晨熹. 我国城市外来流动人口政策进展、问题与对策[J]. 中国名城，2014，（3）：4-10.

[122] 朱生东，杨钊. 国内外旅游移民研究现状与展望[J]. 资源开发与市场，2008，（10）：914-917.

[123] 章雅荻，余潇枫. 国际移民视阈下移民动因理论再建构[J]. 国际观察，2020，（1）：119-137.

[124] 祁洪玲，刘继生，梅林. 国内外旅游地生命周期理论研究进展[J]. 地理科学，2018，38（2）：

264-271.
[125] 姚先国，冯履冰，周明海. 中国劳动力迁移决定因素研究综述[J]. 中国人口科学，2021，（1）：117-125，128.
[126] 杨兴柱，顾朝林，王群. 旅游流驱动力系统分析[J]. 地理研究，2011，30（1）：23-36.
[127] 陈永涛. 边境旅游阻滞效应研究[D]. 云南大学博士学位论文，2018.
[128] 里豪克斯 B，拉金 C C. QCA 设计原理与应用：超越定性与定量研究的新方法[M]. 杜运周，李永发，等译. 北京：机械工业出版社，2019.
[129] 谭海波，范梓腾，杜运周. 技术管理能力、注意力分配与地方政府网站建设——一项基于 TOE 框架的组态分析[J]. 管理世界，2019，35（9）：81-94.
[130] 马斌. 我国国债挤出效应分析[J]. 山西财经大学学报，1999，（5）：75-77.
[131] 乔长涛，赵颖. 公共部门对私营部门就业的挤出效应分析——来自中国地级市层面的证据[J]. 财贸经济，2017，38（4）：130-144.
[132] 曼昆 N G. 宏观经济学[M]. 北京：北京大学出版社，2006.
[133] 高鸿业. 宏观经济学[M]. 北京：中国人民大学出版社，2011.
[134] 刘静. 旅游产业挤出效应：理论假设与县域实证研究[D]. 青岛大学硕士学位论文，2014.
[135] 方友林，冼国明. FDI 对我国国内投资的挤入挤出效应：地区差异及动态特征[J]. 世界经济研究，2008，（6）：69-73，88.
[136] 张兴. 外商直接投资对我国农产品加工业挤入挤出效应的检验[J]. 经济论坛，2009，（12）：32-36.
[137] 毕红毅，刘斌. 跨国公司对国内投资的挤出效应研究——基于我国 15 个副省级城市的面板数据分析[J]. 国际商务（对外经济贸易大学学报），2010，（3）：63-69.
[138] Borensztein E，Gregorio J D，Lee J W. How does foreign direct investment affect economic growth?[J]. NBER Working Papers，1995，45（1）：115-135.
[139] 杨柳勇，沈国良. 外商直接投资对国内投资的挤入挤出效应分析[J]. 统计研究，2002，（3）：6-8.
[140] 程博. 房价高昂对制造业的挤出效应及其防范[J]. 社会科学家，2018，（3）：70-76.
[141] 张坤. 房价上涨对中国工业增长挤出效应研究[J]. 价格理论与实践，2017，（12）：58-61.
[142] 朱文娟，汪小勤，吕志明. 中国社会保险缴费对就业的挤出效应[J]. 中国人口·资源与环境，2013，23（1）：137-142.
[143] 陈林，刘乾. 教育投入对“资源诅咒”的挤出效应[J]. 广东社会科学，2016，（2）：12-19.
[144] 范琦，冯经纶. 延迟退休对青年群体就业的挤出效应研究[J]. 上海经济研究，2015，（8）：11-19.
[145] 赵敏. 旅游挤出效应下的丽江古城文化景观生产研究[D]. 云南大学博士学位论文，2015.

[146]孙根年，李红，周功梅. 香港社会对内地自由行及入境旅游激增的情绪反应[J]. 经济地理，2016，36（2）：182-188.

[147] 田里，钟宏伟. 旅游拥挤事件的形成因素及作用路径研究[J]. 人文地理，2021，36（4）：159-167.

[148]郭豪杰，张薇，郑兆峰，等. 农户亲环境行为动机拥挤效应检验——来自云南省 1050 份农户调研证据[J]. 干旱区资源与环境，2021，35（4）：38-45.

[149]田里，唐夕汐，王桀. 区域旅游发展潜力动态测度——以云南省 16 个市州为例[J]. 资源开发与市场，2017，33（6）：738-743.

[150]田里，钟晖，杨懿. 旅游经济孤岛效应测度及调控研究[J]. 中国人口·资源与环境，2016，26（S1）：281-285.

[151]徐翠蓉，赵玉宗，高洁. 国内外文旅融合研究进展与启示：一个文献综述[J]. 旅游学刊，2020，35（8）：94-104.

附　录

附录A　调 查 问 卷

问卷编号：　　　　　　　　　　　　　　　　　　　　　　调查地点：

丽江大研古城旅游劳务移民现状调查问卷

尊敬的参与者：

您好！我们是云南大学工商管理与旅游管理学院的在读研究生，正在开展古城旅游劳务移民对旅游地影响调查，恳请您帮助！本调查以匿名形式进行，收集的资料仅为学术研究所用，我们会对您的个人背景信息完全承担保密责任，感谢您的支持与配合！

请根据您的真实情况，在相应数字上打钩“√”。

1. 您的性别：

A. 男　　　　　　　　　　　　　B. 女

2. 您的年龄：

A. 20 岁及以下　　　　　　　　　B. 21 ~ 30 岁

C. 31 ~ 40 岁　　　　　　　　　D. 41 ~ 55 岁

E. 56 岁及以上

3. 您的学历：

A. 初中及以下　　　　　　　　　B. 高中或中专

C. 本科或大专　　　　　　　　　D. 硕士研究生及以上

4. 您的家乡：

A. 丽江市其他县区　　　　　　　B. 云南省其他州市

C. 四川、重庆、广西、贵州 D. 其他________________

5. 您的户籍：

A. 已迁移，在丽江 B. 未迁移，仍在家乡

C. 已迁移，在其他地方

6. 您在古城的居留时间：

A. 6 个月以下 B. 6 个月到 1 年

C. 1 年以上

7. 您原来的职业：

A. 旅游相关行业 B. 教育行业

C. 自由从业者 D. 文化创意行业

E. 学生 F. 其他________________

8. 您现在的职业：

A. 餐饮类 B. 住宿类

C. 商品零售类 D. 酒吧类

E. 旅行社类 F. 其他类______________

9. 您来到古城的同伴：

A. 和家人一起 B. 和朋友一起

C. 和同事一起 D. 独自前来

10. 您离开家乡的动机：

A. 生活方式 B. 工资收入

C. 工作调动 D. 个人理想

E. 其他________________

11. 您来到古城的途径：

A. 打工谋生 B. 工作调动

C. 改变环境 D. 实现理想

E. 其他________________

12. 您通常选择什么时间返回家乡？

A. 节假日返回 B. 淡季返回

C. 不返回 D. 其他________________

13. 您是否愿意长期居留在古城？

A. 愿意 B. 不愿意

14. 您觉得古城是否适合长期工作？

A. 适合，发展环境很好 B. 适合，未来发展很好

C. 不适合，商业化太重 D. 其他________________

15. 您是否可以融入本地生活？

A. 可以，本地居民热情好客　　B. 不确定，在相处之中

C. 不可以，本地居民难以相处　　D. 其他________________

16. 您是否认同“新丽江人”的身份？

A. 认同，我是新丽江人　　B. 不认同，我是丽江人

C. 不认同，我是外地居民　　D. 其他________________

17. 您有过离开丽江的想法吗？如果有，接下来打算去哪里呢？如果没有，原因是什么呢？

____

____

____

附录B　访 谈 记 录

丽江大研古城旅游劳务移民访谈记录（节选）

访谈者	基本信息	访谈内容
调查者A	新华街，湖北人，全家人一起来丽江5年，客栈员工，未迁移户口	1. 问：小孩也在这边上学吗？ 答：没有，小孩在老家上学，这边教育资源比较缺乏。 2. 问：之前是在哪里工作？为什么会选择来丽江？ 答：之前在湖北工作，因为这边环境好，先来旅游，然后就决定留下来。 3. 问：有考虑在这里继续待多久吗？ 答：十年八年吧，都可以。 4. 问：如果有一天选择离开丽江，会是什么原因？ 答：如果离开，是因为这里没有好的教育，小孩要上学了；如果这边教育更好一些，我会考虑把户籍迁过来。 5. 问：平时会参加一些社区活动吗？ 答：不会参加，他们也不会来邀请，不过知道四方街会定期组织打跳活动；家里之前有人参加过小学扶贫活动，不过是几年前了，都是自愿参加的；现在每年也会有送温暖活动。 6. 问：平时会跟本地居民交往吗？ 答：不会，跟本地居民来往比较少，有自己的朋友圈；但是店里也有一些本地居民。 7. 问：您觉得丽江近年来有什么变化吗？ 答：很明显的是更加商业化了，同时外部交通也更加便利了，从全国各地来丽江更加方便。 8. 问：您觉得政府管理在对外地居民和本地居民之间存在差别吗？ 答：这我就不知道了。 9. 问：您大概多久回一次家？ 答：不确定，一般一年两次，主要在淡季，过年不回去。 10. 问：您现在这家客栈的营销方式？ 答：主要还是通过网络营销，但同时也会有一些熟人介绍过来的，这部分大概占比三分之一。 11. 问：您客栈里的人员构成是什么样的？ 答：我们店加上老板共有8个人，其中有3~4个为本地居民，本地居民流动性比较弱，而外地人的流动性就比较强。 12. 问：您对政府的管理有没有什么建议？ 答：没有。 13. 问：您怎么看待新丽江人的说法？ 答：听过这个说法，如果这边医疗、教育更好一点，我会考虑在这边落户，现在就是医疗、教育跟不上，没有好的学校；有朋友在这边买房，但是没有迁移户口。 14. 问：就您了解，外地居民子女在这边上学多不多？ 答：不到一半吧。 15. 问：政府要做决定时，会不会征求意见？ 答：会吧。

续表

访谈者	基本信息	访谈内容
调查者 B	新华街，酒店安保，玉龙县傈僳族人，来古城两三年，独自前来，未迁移户籍	1. 问：您之前在哪里工作过？为什么会选择来到丽江古城？ 答：在过湖北、香格里拉，因为这边离家近，虽然工资不高，但是生活待遇比较好，包吃包住，日常还有团建工作。 2. 问：预计还会待多久？ 答：不一定，一两年或几个月。 3. 问：在丽江古城有没有归属感？ 答：也没想那么多，如果有更好的，也会离开。 4. 问：疫情的影响大不大？ 答：对酒店有影响，但是对我们影响不大，疫情防控期间每个月有半个月的班，也会照常发工资。 5. 问：酒店会组织活动吗？ 答：会有打跳、东巴造纸，酒店员工组织给酒店客人体验学习。 6. 问：会参加社区组织活动吗？ 答：日常有空闲的时候，会在大水车玉龙广场打跳。 7. 问：有没有觉得本地的原住居民越来越少了？ 答：怎么说呢，古城本来全部都是居民，靠旅游发展，居民把自家的房子租出去了，价格合理就转让，人家很多外地居民就来，这也是一种正常的现象。 8. 问：外地居民进入有什么不好的影响吗？ 答：不一定，有好有坏。 9. 问：有没有觉得外地居民融入不进来？ 答：这个倒是不影响，外地居民有自己的生活方式、习惯，与我们也无关。 10. 问：酒店员工都是本地居民吗？ 答：丽江本地居民比较多，酒店工程部、客房区基本都是丽江本地居民，外地居民也有，不多。 11. 问：本地居民对外地经营者的态度，会有排斥想法吗？会存在竞争吗？ 答：没有，其实丽江古城里的商铺，本地居民有开，外地居民也有开，但是他们之间就不会存在冲突，不会因为外地居民店铺的生意好，就去别人店里吵啊闹啊。 12. 问：外地居民参加民俗活动多吗？ 答：这些活动都比较自由，本地居民也有，外地居民也有。 13. 问：外地居民进入会不会把古城区的外围炒起来？ 答：不会的，炒不起来，丽江市对这些还是有一些规定的。
调查者 C	新华街，茶楼老板，重庆人，30~40岁，本科学历，来丽江2年了，未迁移户口，独自来丽江的，没有亲戚朋友	1. 问：您之前是在哪个地方工作，为什么选择来丽江？会考虑定居吗？ 答：之前在广州工作，因为个人理想，所以来到丽江，不愿意长期待在这边，受迫于一些现实原因，需要照顾父母，要结婚的时候就要离开了，也需要考虑到子女。 2. 问：在丽江待久了，想念哪个地方？ 答：很怀念家乡。 3. 问：平时和本地居民会有沟通吗，会参加本地居民的日常活动吗？ 答：生活方式、处事习惯与本地居民都不同，无法跟他们相融，只是偶尔会参加文化活动。 4. 问：丽江这些年有没有什么变化？ 答：有的，交通、配套服务设施变好了，但是教育、医疗资源就不行。 5. 问：您对丽江有什么看法吗？ 答：整个丽江古城商业化太严重了，就像是一个金融中心、一个大染缸，人口复杂，社交活动充斥着商业性质，竞争也十分激烈。

续表

访谈者	基本信息	访谈内容
调查者 C	新华街，茶楼老板，重庆人，30~40岁，本科学历，来丽江 2 年了，未迁移户口，独自来丽江的，没有亲戚朋友	6. 问：您对政府的旅游管理工作有什么看法？ 答：政府做得还是比较好的，但是为了实现进一步发展，政府需要在宏观上管控好价格；现在政府在宏观上管控较好，但是缺乏对微观个体经营户的管理，需要引导古城内所有的经营户都提升经营质量，这样丽江才能实现进一步发展；同时也需要重视行业管理，从个体层面强化行业自律。 7. 问：您认同新丽江人的看法吗？ 答：不认同。 8. 问：您会雇用丽江本地居民吗？ 答：我不太愿意雇用丽江本地居民，因为他们离家近，本地居民一碰上节假日就回家了，外地居民就不会有这个问题。
调查者 D	新华街，酒吧老板，刚刚大学毕业，大理人，来丽江 6 个月了，父母在这边，未迁户籍	1. 问：以后准备一直待在丽江吗？为什么会来到丽江？ 答：准备一直待在这儿，毕竟店是自己开的；主要也是因为赚钱来这儿，客源多。 2. 问：多久回一次家？ 答：不一定，一般过年过节，因为有员工，所以可以放心离开，员工丽江本地居民和外地居民都有，薪资没有区别；但是总体来看还是本地居民多，毕竟本地居民资源也多。 3. 问：疫情防控期间为什么要坚持？ 答：疫情也是机会，增加了两个分店。 4. 问：对丽江感情？ 答：会喜欢这里，从小在这里长大，家人在这里做其他工作；算是半个丽江人了。 5. 问：会去逛古城吗？ 答：不会，都去过。 6. 问：与外来商户交流多吗？ 答：不多，跟本地居民、朋友一起玩，从小在这里长大，朋友也都在这里。 7. 问：管理怎么样？ 答：十分严格，噪声控制，做不好就停业。 8. 问：诚信经营码对你们经营有影响吗？ 答：有影响，会有客人打投诉电话。 9. 问：工作生活状态？ 答：很舒服，慢节奏。 10. 问：平时工作之余做什么？ 答：打球，开车和朋友出去玩，不会参加本地民俗活动。 11. 问：新开了文化院落，去过吗？ 答：去过，还可以，就是教书、唱歌。 12. 问：感觉到明显的变化？ 答：越来越商业化了，对店铺来说是好事，对游客是坏事，但是租金、工资也会上涨，所以都有影响。 13. 问：房租是个什么情况？ 答：一般是三年签一次合同，一年交一次房租。 14. 问：平时会参加志愿活动吗？ 答：没时间，晚上熬夜，白天玩。 15. 问：开酒吧的外地居民多吗？ 答：还是挺多的，老板是外地居民，工作人员本地居民，老板一般见不到，都交给店长打理。

续表

访谈者	基本信息	访谈内容
调查者 D	新华街，酒吧老板，刚刚大学毕业，大理人，来丽江 6 个月了，父母在这边，未迁户籍	16. 问：对丽江管理有什么改进建议？ 答：没有，就是管得太严了，价格也受到管控，最高只能卖多少；只能迎宾，不能拉客喊客。 17. 问：愿意学习本土文化吗？ 答：愿意啊，就是太复杂了。 18. 问：参加活动时有没有觉得融入有难度？ 答：也还好，其实少数民族都比较好客，如果你也是少数民族，那就更简单了。 19. 问：您来这里有没有带到朋友亲戚过来？ 答：也有，但是不多，因为朋友基本都在这边。 20. 问：生活上有没有不方便的地方？ 答：没有啊，去哪里都很近，交通也很方便。 21. 问：朋友里面有孩子在这边上学的吗？ 答：有。 22. 问：考虑在这边买房，在丽江还是大理？ 答：都可以，老了还是想回大理，海边嘛，还是舒服的。 23. 问：外地居民与本地居民开的酒吧有没有什么差别？ 答：没有，只能看谁的舞台、音乐、氛围好。 24. 问：古城有没有组织活动来帮忙融入？ 答：没有，他们也很忙；有一些打跳活动。
调查者 E	光义街忠义巷，餐厅经理，大理人，32 岁，女，月收入 2 万~5 万元，到丽江居留时间 3 年	1. 问：像您现在多久回一次大理呢？ 答：可能半年，也有可能一年都不会回去。 2. 问：那老公和孩子也会来丽江生活吗？ 答：不会，孩子都是爸妈在管着。 3. 问：像您平时和丽江本地居民接触得多吗？ 答：跟本地居民接触多的就是供应商，供应商大部分都是本地居民，比如卖猪肉的、卖牛肉的，工作上的接触，别的就很少了。我在丽江待三年了，连七星街都没逛过，还是比较忙的。 4. 问：那如果说有一天您从丽江离开了，您觉得最大的原因可能是什么？ 答：如果我要离开这里，那可能是我们要去外面发展了，现在已经有这样子的打算了，或者是再过七八年，可能想退休养老，只能是这两种情况，不然不会离开。 5. 问：您觉得疫情以来，政府这边的管理对经营者友好吗？ 答：我觉得挺好的，因为租了公房的人家都有补贴，免房租之类各种措施，那私人房东的话我们也能理解，因为人家也是在外面做着生意。 6. 问：那您觉得丽江这三年的旅游发展怎么样？ 答：就还行吧。 7. 问：和本地居民交流当中，会不会存在没有共同话题之类的困扰？ 答：这倒不会，因为我们挨得比较近，大理到丽江也很近的。 8. 问：像您会和朋友家人说自己算是半个丽江人了吗？ 答：可能会吧，因为我已经在这里买了房子了，所以未来可能会在这里住或者在大理住，这都不一定。但是这个有很多因素都是不一定的，对于像我们这种自由职业的，还是要看未来的发展情况，现在开给我的工资每个月 2 万~5 万元，说白了我还是能接受对吧，如果他要让我出去外面，那我肯定也去啊。因为我们是三年半的时间开了 6 个店，发展速度是很快的，有可能会离开，也有可能不会离开，是吧。我在我们那边（大理）开始做餐厅，至今为止我开了 12 年的餐厅了，没有换过别的职业。但是我们这种没有什么可提升的。现在这个餐厅文化气息还是比较重的。

续表

访谈者	基本信息	访谈内容
调查者 E	光义街忠义巷，餐厅经理，大理人，32 岁，女，月收入 2 万~5 万元，到丽江居留时间 3 年	9. 问：您对古城管理有什么意见吗？ 答：好多都是这样子的，但是我觉得现在做事情，好多人都不会站在对方的角度去思考问题，就像我们家也是一样的，有些时候菜里有头发，客人给我写差评我能理解，口味那里打低分都可以理解，但是他会在环境和服务那里也打低分，那是我理解不了的。 我对餐厅员工的要求不高，厨房也是，大部分用的都是本地姐姐，农忙的时候她们有可能会回去，忙家里的事情，然后忙完了之后又回到我这里来，还是会替我做事，我对她们的要求都不是很高。我说外来的人员来这里旅游，有时候口味不合适是很正常的，但是首先我的态度是很重要的，吃不惯我可以换，咸了淡了都可以换，换到客人满意为止，很多人都是可以理解的，但只有那么一小撮人是不太会站在对方角度考虑。
调查者 F	光义街，客栈老板，浙江人，年龄 28 岁左右，女，到丽江居留时间 7 年，户籍浙江	1. 问：您的户籍迁过来了吗？ 答：没有，我是以前过来玩的，喜欢这里就留在这里了。 2. 问：家里人有跟着您一起吗？ 答：没有，我就自己一个人。 3. 问：您觉得丽江怎么样，喜欢这里吗？ 答：慢慢在变好，这 7 年的改变还是很大的。 4. 问：现在社区上有个说法叫“新丽江人”，您觉得怎么样？ 答：可以算吧，就是外地居民新来丽江生活居住的就叫新丽江人，对吧，这边生活环境还行，就医疗、教育比较差，而且消费也略高一点，资源结构也不是很合理。 5. 问：那在客栈附近的社区，会经常跟本地居民有沟通吗？ 答：没有，还是非常少的。 6. 问：那交到丽江朋友了吗？ 答：这个还挺多的。 7. 问：现在大概多久回一次家呢？ 答：两三年？或者一年左右回一次吧，看一下老人家，过年的话已经是 7 年没有回家过年了，旺季走不了。 8. 问：那疫情对生意还是有影响的吧？ 答：基本上都有影响，淡季还可以。 9. 问：那在疫情困难时候有没有想过就算了，离开丽江？ 答：这个没有，但是我好多朋友，大概有一半都走了，我还是坚持了一下。 10. 问：那是什么让你愿意再坚持呢？ 答：我本来是留在拉萨的，但是那边的生活环境不行，就回到丽江了，那边海拔太高了，在那边生活了半年，去玩一下可以，生活不合适，相对来讲，丽江气候算不错的。在丽江生活能简单一点。 11. 问：以后如果没有什么特殊情况会选择一直在丽江待下去吗？ 答：也不一定，还是希望丽江更好一点，如果有更好的目的地，可能也就走了。基本上做旅游行业的，90%都是外地居民，跟以前比较，现在起码在购物、景点方面都比较正规了。 12. 问：那行业协会会对大家的经营提供一些帮助吗？ 答：有客栈协会，但是经营方面的帮助，就不太清楚。 13. 问：工作那么久，对丽江各方面还有哪些不是很满意的？ 答：说实话，有，但不多。

续表

访谈者	基本信息	访谈内容
调查者 G	光义街，鲜花饼店老板，30岁，安徽人，来丽江 3 年了	1. 问：您户籍是否发生变动？ 答：户籍没变，在安徽。 2. 问：您是一个人来丽江的吗？ 答：不是，是和父母一起来的。 3. 问：您之前在哪个地方工作？为什么离开之前的地方？ 答：原先是卖手机的，之后行业不景气就不干了。 4. 问：您当初为什么来丽江开店？有哪些因素？ 答：我这个是一手房，签了 3 年的合同，来到这里是因为看中这里的人流量，五一街、七一街、四方街、东大街的人流量最大，卖鲜花饼应该不错，这里靠近主街，旁边还有客栈，应该不错。 5. 问：您平时和本地居民是否有沟通？ 答：会参加，员工会邀请。 6. 问：您在丽江待久了之后有没有特别想念家乡或者以前的城市？ 答：现在这里的生意也不好做了，丽江旅游发展得太成熟了，竞争压力大，成本高，感觉还不如卖手机，但丽江相比成都、贵州还好一点。 7. 问：现在生意不好做，您目前工作情况如何？ 答：五一社区会协助联系房东减免 1~3 个月的房租，现在丽江古城已经跌出了黄金周十大景点了，我们需要转变经营思路，但这有赖于政策的改变。 8. 问：您觉得过去几年丽江有哪些变化？外地居民的增多对本地的旅游有什么影响？ 答：有变化的，以前主街附近冲突较多，本地居民排外，外地居民来之后迁出去大多去了昆明，在这里收租，房价就是后盾。消费受影响，比如饵块，2010 年 2 元，到了 2020 年就成了 6 元，涨了 3 倍，收入差距也在增大，像员工的工资，2015 年差不多每个月 2 000~2 500 元；到来 2020 年员工工资每个月是 3 000~3 500 元，本地员工的离职率很高，说走就走，但这种现象有了改善，商业化比较明显，但换个角度来说，没有商业化就没办法聚集游客，也就没有丽江，这里原本就是茶马古道上的商业重镇，以贸易为主，商业由市场决定，优胜劣汰，游客多是回头客，商业化会提供方便，但是外来人一多也带动了一批游客进入，本地居民外地居民也是相互影响的，总体往好的方向发展。 9. 问：本地旅游管理对您有哪些影响？您对本地管理有什么建议？ 答：丽江政府给商户的印象比较矛盾，我们有时候不理解政策，因为觉得对自身的约束比较大，出台政策的时候更倾向于游客而没有考虑商家，不准喊客，但这样缺少了活力和氛围。但有的还是可以的，比如不准宰客。古城对自身的宣传和营销做得不够，建议古城加大宣传力度，树立新形象，打造好品牌，政策方面改善也考虑一下商家。
调查者 H	福建茶商老板，光义街忠义巷，女，在丽江五六年了	1. 问：这边是不是广东人比较多？ 答：广东人不多，来玩的是多，但是这边做生意的不多。 2. 问：卖的茶除了云南的，是不是还有外省的？ 答：没有，这边这个很简单的一个问题，你到这边你会不会想着要吃西安的肉夹馍，不会吧。 问：不会？ 答：那就对了嘛，那茶也只能做云南本地的普洱茶，虽然说你想我们福建的铁观音啊那些我们自己有喝，但是客人买得会比较少，因为来这边人家带的话只想带一些本地的特产回去。他们都是买回去送的嘛，因为现在大部分都追求养生嘛，以前都是送烟送酒，现在送茶也还好一点。包括现在全国喝茶的基数大一点，之前可能就局限于广东跟福建这两个地方喝茶会多一点，现在年轻人嘛，尤其像你们这种，刚进入社会啊，然后公司领导那些基本上都会喝茶，所以说，职场环境需求的话，你们不懂得喝茶也要学着喝。

续表

访谈者	基本信息	访谈内容
调查者H	福建茶商老板，光义街忠义巷，女，在丽江五六年了	3. 问：那老板您当初来丽江是因为什么原因？看中这边的市场吗？ 答：以前我们这边很多人在这里嘛，现在这边做茶 80%都是福建人嘛，老一代人来得比较早，然后知道这边有商机，就跟着上来了，像我那边都辍学比较早，基本上就是说初中没毕业就出来了。 问：那您是比较早过来的吧？ 答：没有，我之前去过很多地方，之前在珠海、深圳、东莞我都有待过，第一个去的城市就是珠海啦。 问：珠海很宜居喔？ 答：那没有，那时候去工厂。 问：是的，珠海早前是工厂比较多？ 答：对，然后那时候去打工嘛，然后后边才上来，后边是朋友有在这边，然后做生意，包括做翡翠、做茶叶、开客栈都有，所以会跟着上来投资。 4. 问：您大概在这边待了多长时间？ 答：五六年了。 5. 问：会想要长期地定居在这边吗？ 答：你如果从生意角度上，在古城的话，如果是整体旅游环境接下去没有什么影响的话，是会在这边，但如果旅游环境差而生意不好做的话，是不会选择在丽江这个地方居住的。 问：丽江这边旅游业还是比较看重的，因为它是全省排第一的嘛。 答：如果你要日常居住的话，这边环境是比较舒服，但是医疗条件和教育环境整体是跟不上的，像最简单的，我们朋友就种个牙齿，他说你还是去其他地方弄，医院就这么告诉你是吧，所以说你有大一点的突发情况这边没办法解决。 问：会建议你们去昆明吗？ 答：它不会建议你去哪里，但是你去昆明也是一样啊，有时候比如一些突发情况嘛，就是你遇到一些比较急的，争分夺秒的事情，但是你丽江本地就解决不了的事情那还是比较担心的。 问：就一些设施条件还是跟不上？ 答：主要是设施跟不上呐，因为你现在大部分人来是比较看重孩子的教育环境呐，生活环境还是一方面，你看在城市钢筋混凝土的话很多人，但是节奏比较快，比较压抑，但还是很多待在里面的，因为各方面环境会好一点，包括在这边学到的东西跟我们福建学校学到的东西不一样，因为你像这边的话就是各省的都有嘛，那个学习环境不像我们这些人老家那样，老家教的东西会多一点，然后这边会少一点，但是这边整体我感觉经济也是属于虚涨，只有这个丽江古城撑着，然后房价也涨上去了，但是它这边生活开销的话倒不是涨得贵。 6. 问：那考虑到医疗、教育这些，您的家人有跟您一起过来吗？ 答：没有。 问：他们还留在福建那边？ 答：对，都在福建。 7. 问：那您一年大概什么时候回去？ 答：一年不确定，像我们这种基本上都在淡季的时候就说你们上学的时候我们回去，暑假寒假还有过年的时候是最难的，节假日都是最难的。 问：所以都是挑淡季回去这样？ 答：它这个比较自由啊，那个一年有时候都不回去，我们这边有朋友五六年都不回去过年，因为现在过年回去都没什么人，然后古城的话过年又是生意最好的时候，然后过完年你一回去又没有意思，所以说就不回去了，很多人都这样。 8. 问：那如果假设有一天离开丽江，会是因为什么？ 答：离开丽江的话无非就是这边生意不好做了。

续表

访谈者	基本信息	访谈内容
调查者 H	福建茶商老板，光义街忠义巷，女，在丽江五六年了	9. 问：对丽江的感情？ 答：大部分看作是做生意的地方，有多大的情怀是没有的。 10. 问：22 条类似政府政策会不会对生意有影响？ 答：对我们倒是没有多大影响，我们走游客散客的，倒是没有多大影响。 问：更多是市场大趋势影响，而不是这种本地？ 答：对，而且穷游队比较多。 11. 问：我们看您的平时工作是比较悠闲的，但您觉得有什么不满意的？ 答：满意其实还好，如果对古城的话，满意就没有什么好抱怨的，因为古城里面还是比较可以的，它不像束河，已经开始收门票了，不知道现在还有没有在收，古城卫生都搞得非常好，没有什么好担心的，包括安保，管理还是可以的。 12. 问：对本地商户和外地商户还是比较公平对待？ 答：它这边本地商户是没有，只是店铺租金被炒得虚高一点，每年都涨，这边开店会压力大一点，这边旅游城市，租金贵一点也没办法。 13. 问：平时是和本地居民，还是会和老乡一起玩？ 答：这边圈子基本上都是老乡。 14. 问：你们有老乡群吗？ 答：对，这边福建的比较多，这边上班比较早，关门比较晚，生活的时间比较少，像我们这种就比较自由，自己上上班喝喝茶。 问：平时串的还是老乡的店吗？ 答：对，大部分还是老乡为主。 15. 问：晚上的时候是住在店里，还是外面有租房子？ 答：在外面，早期是打地铺，自己住外面比较舒服。 16. 问：有没有感觉外来商户变多，有没有带来什么变化？ 答：商户的话是今年减少比较多，早期商户比较少，现在比较多，对古城影响还是比较大的，客栈开得越来越多，店铺开得越来越多。 17. 问：您的店铺有没有什么营销？ 答：茶叶的话我们都是做回头客，我们这边是积累客源，古城禁止做大得比较吸引眼球的宣传，这会影响整个丽江市的，包括喊小哥哥小姐姐进来看一下，这些是丽江不允许的。 18. 问：管理之后喊客拉客是不是少了许多？ 答：还是有，现在稍微收敛一些。 19. 问：管理这一块有没有需要改进的地方？ 答：管理这一块倒没有什么，管理越严，对我们这些商户是越不利的，对游客确实是非常好的，包括退款啊。 20. 问：诚信经营码会有影响吗？ 答：那个没影响，很多人都不扫。 21. 问：您怎么看新丽江人这个称呼？ 答：那肯定还是外地居民，很难融入丽江这边的生活，包括饮食方面啊，最主要思想上的差异，还是比较合不来的，完全融入还是比较少的，包括这边吃的东西，如果不是自己做的话，基本上吃不来。 22. 问：近处景点对你们是没有吸引力了？ 答：没有，很少会去那边。 23. 问：平时娱乐？ 答：基本上是看店喝茶，晚上和几个老乡喝酒，有时候去大理、其他城市逛一逛。旺季的话都得回来守着，做生意的话没办法。 24. 问：这里举行传统节庆活动，你们会去参加吗？ 答：第一次会看一下，其他时候不去，不参与，游客会多一些，我们对那些都不感兴趣，大水车的活动、汉服啊基本上不去看。

续表

访谈者	基本信息	访谈内容
调查者 H	福建茶商老板，光义街忠义巷，女，在丽江五六年了	25. 问：周围有朋友在这里定居生子，孩子也在这里上学的吗？ 答：有。 问：多吗？ 答：有一部分，丽江也有好一点的学校，价格贵一点，学费贵一点，初中高中基本上就转回福建去了，孩子还小的话就在这边。 26. 问：会不会特别想念家乡或者以前待过的城市？ 答：在这边待久了肯定会，有时候也会回家，去其他城市。 问：学校会要求学纳西文字吗？ 答：不会强制要求，学老乡方言比较多一点，但是现在都普通话。 27. 问：觉得古城商业气息浓吗？ 答：现在基本上全部商业化了，进来基本上你们可以感觉到都是逛街买东西，古建筑绿化给人感觉比较舒服，都是商业化，没办法，商业化带来的是人流量，人多好看，以前古城都是本地居民在河边洗衣服，你过来看两眼就走了，有商家入驻，自己会花钱打造一些网红景点，搞一些人造的景点，人家就会觉得好看就会去拍照，商业气息肯定会有的，没有商业气息就没有商家入驻。 问：商业化还是积极影响比较多？ 答：对，游客是被迫接受这一切的，商业化也会更方便一些。 28. 问：商铺跟风行为多吗？ 答：多，多了以后导致大家都没钱挣，后面跟进去的就没那么容易挣钱。 29. 问：同质化还是比较明显？ 答：大概就那几样东西，东巴纸、银器卖得比较好一些。 30. 问：雇用的工作人员是本地居民还是外地居民？ 答：本地居民多一点，本地居民工资比较低，2 000 多元就可以请到。
调查者 I	银饰店老板，女，新义街。贵州人，来丽江十几年了，户籍仍在家乡	1. 问：姐姐在这里开店开了多久？您的户籍没有迁到古城区？丽江古城有没有变化？ 答：开了十几年。户籍没有。变好了很多，刚来的时候也不会做生意。 2. 问：政府管理这些有没有给一些有用的帮助？ 答：都有。 3. 问：是一家人都在这里吗？来这里开店是因为这里游客多生意好吗？ 答：没有一家人，只有一个孩子，和老公在这里，父母不在这里。游客今年不多，前几年是多的，今年疫情会多少影响一点。 4. 问：您会一直待在这里吗？在这里开店舒不舒服？ 答：今后能做多久我也不敢肯定，生意好我就一直做，生意不好一直亏本我就不会再来。开店辛苦。 问：开店辛苦是因为客人多吗？ 答：不是因为客人多，是因为生意不好，早上九点开门，到晚上 11 点关门，有时候一个人都没有。 问：近几年是这样吗？ 答：前几年是比这个好一点，像我们也不识字，做什么其他生意也不好做，年龄又大了，像我们这里打工工资又低，一个月两千多三千多，自己做的话，自由一些。 5. 问：近几年店租有没有涨？疫情影响也很严重，为什么还会选择留在这边呢？ 答：生意不好，店租也没有涨，今年的话还优惠三个月。像我们这种生意搬也搬不动，你搬回家也亏本，在这里也亏本，你看我们这些东西都有加工费，加工费一两千，有些大的七百八，小的五六百。 6. 问：你觉得古城好不好玩？平时和本地居民交流多吗？ 答：好玩呀，这里地方也好，气候也好。多啊，本地居民、游客都有，虽然现在本地居民只有一部分了，但是也处得很好。

续表

访谈者	基本信息	访谈内容
调查者 I	银饰店老板，女，新义街。贵州人，来丽江十几年了，户籍仍在家乡	7. 问：像您这个店有没有做一些宣传？ 答：没有，也不会。 8. 问：像这边开银饰店的是本地居民还是外地居民比较多？店里是回头客还是新客比较多？ 答：几乎都是本地居民，外地居民不会这种手艺，我们都是自己做的。回头客也有，新客也有。 9. 问：您觉得古城绿化环境有没有变得更好？ 答：这些是越来越好了，以前也好，现在更好了。 10. 问：会觉得自己是新丽江人吗？ 答：那个没有区分，住久了都一样，也会对这里有感情了。 11. 问：平时会参加社区的活动吗？社区有没有组织一些活动？ 答：也有。 12. 问：那你们大概什么时候回家一次？是住在古城区外围吗？ 答：我们回家很近，经常回去，两三天就回去一趟。我们住在古城里面，就住在店里，这里有二楼。 13. 问：会觉得政府对外地商户和本地商户差别对待吗？ 答：没有，都一样的。 14. 问：平时和外地居民来往多吗？ 答：都有。
调查者 J	新义街，餐厅老板，广东人，20 世纪 90 年代就来丽江古城了，和老婆一起来的	1. 问：一年回去几次？ 答：不一定，有时候一年几次，有时候家里人过来；这么说吧，外地居民来云南，小部分是因为做生意，大部分是因为喜欢这边，喜欢这里的气候。 2. 问：为什么来丽江？ 答：我开始是来玩，因为我是厨师，来这边帮别人做厨几个月，就决定留下来了。 3. 问：有没有觉得是新丽江人？ 答：不会，但可以说是第二故乡，我个人也不会来这边置业，来这里就只是因为气候；教育、医疗是最大的问题，很明显跟不上，就算是在这里生小孩，也不会让小孩在这里上学；六十来岁的人很多都回广东了，主要因为医疗。 4. 问：会参加社区组织的活动？ 答：不会，我个人性格问题，其实这里很多广东人，但是我也不想跟他们走得太近，走得太近就复杂了，其实这里也有个老乡会，但是我也不掺和；我是个手艺人，没必要掺和，我生活简单一点、快乐一点就行，就这么简单，我喜欢这里的气候。 5. 问：为什么医疗、教育不好？ 答：因为这边产业太单一了，政府没钱，虽然管理好，但是在公共服务领域缺少投资。 6. 问：这么多年古城的变化？ 答：管理有变化。 7. 问：外来商户越来越多，对本土文化的影响？ 答：肯定有的，简单来说，依旧是资本的力量，当外来人口占到一定比例后，所形成的生活习惯会相互掺和。 8. 问：会去文化院落吗？ 答：很少，因为它不够吸引力，名气不够大，吸引不到人；陈设比较单一。 9. 问：会有什么特殊营销方式吗？ 答：没有，理想简单一点，爱来就来；我家店就几个人，现在和谁发生关系，都是利益关系；回头客会很多，平时都是朋友带着来的。 10. 问：工作之余会干什么？ 答：我喜欢山、我喜欢水，去雪山附近逛。

续表

访谈者	基本信息	访谈内容
调查者 J	新义街，餐厅老板，广东人，20 世纪 90 年代就来丽江古城了，和老婆一起来的	11. 问：会觉得古城商业化的影响好吗？ 答：这个没有好不好的问题，这其实只是一个营销角度。 12. 问：政府管理在本地居民与外地居民有没有差别？ 答：没有，政策是公平的，大多数商铺是外地居民，本地居民收了一些租金，就不会待在古城里了。 13. 问：疫情的影响？ 答：这个就是个人问题了，2011~2015 年是丽江最火的时候，租金也一直往上走，2015 年开始，丽江旅游市场热度就保持稳定了；现在租金受外部大市场影响比较小，主要看房东个人了，可以跟房东商量；二手、三手房东也比较多。 14. 问：缴纳租金方式？ 答：核心区租期很短，外围租期就长。 15. 问：考虑离开吗？ 答：这个不好说，如果有人邀请合伙干事情，那就走呗；生活和工作是掺和在一起的。 16. 问：周围人会受您影响吗？ 答：会，周边朋友会随之来丽江旅游。 17. 问：雇用的员工？ 答：多是丽江本地居民，这个小哥在这已经 5 年了，本地居民和外地居民薪资也没有区别。 18. 问：古城的志愿活动会参加吗？ 答：没有，这些社会活动都带有商业性质，我都不掺和。 19. 问：古城管理有没有什么看法？ 答：古城管理表面看上去管得很好，但是细节上还没达到城市管理水平，南门出口这边的坑就代表了古城的管理水平，说明部门之间管理存在漏洞，很多年了，都没有部门来进行管理，就是使用人海战术，扫扫地，一个小小的古城，哪需要这么多人；部门之间沟通不好，管理粗糙，每天这里到处都在挖，埋管，挖了又挖，今天水务埋管，明天光纤埋线，缺乏统筹规划。 20. 问：政策会征求意见吗？ 答：没有。 21. 问：店内装饰受政府限制吗？ 答：他们管外墙，店内的东西不管，随便自己弄，风格也无所谓。 22. 问：会想要学习这边文化吗？ 答：闲暇时间了解一下，不会去深入；很多生活习惯不相通；之前有个珠海女生跟宁蒗的人打起来嘛，因为主动去搀扶引发的冲突。
调查者 K	四方街 75 号，米线店老板，来丽江十年了，户籍未变动	1. 问：一家人都在这边吗？会比较常回去吗？ 答：爸爸妈妈在大理。我们一个小时就到家了，常回去。 2. 问：您的户籍有没有迁来丽江？在这里十年会不会感觉这里变化比较大？ 答：没有。肯定大。 3. 问：本地原住居民都搬到新城去了？ 答：对，像里面原来多是丽江人，但是他们房子都租出去，融合住到新城里面。 4. 问：那您当初为什么来丽江？ 答：当初，就打工嘛，就到处跑，来过丽江就习惯了，就不想走了。 5. 问：那会参加本地的一些活动吗？一般都是什么活动？ 答：会有的，商户的话也会要求参加一下。一般都是纳西族的打跳，东巴文化都有，对联都是东巴文写的。

续表

访谈者	基本信息	访谈内容
调查者 K	四方街 75 号，米线店老板，来丽江十年了，户籍未变动	6. 问：您觉得他们这种文化保护做得怎么样？ 答：还行吧，像每年都有打跳比赛，就在这里。 问：一般是社区组织，还是政府？ 答：社区少一点，农村多一点。 问：不是古城内，是古城外面的？ 答：对，也是属于丽江。 问：平时参加活动都到那边参加？ 答：也有那边的，也有宏泰广场的。 问：相当于社区组织的还是少？ 答：社区组织的也有，就是少一点，因为社区的人全都搬出去了，只有商户，要不开个会啊什么的。 7. 问：你们有没有听过新丽江人这个说法？会不会感觉自己是半个丽江人？会不会对这里有归属感？ 答：怎么说呢，反正外省很多人在这里安家，有一点归属感。 8. 问：平时会去逛文化院落吗？ 答：会有。 9. 问：会不会感觉外地商户来了之后有什么变化？这种商业化是好还是不好？ 答：肯定嘛，商业化了，之前四方街这边都是农贸市场，每天就卖菜，丽江的最中心就在这里，慢慢地就小一点。这种怎么说呐，哪个地方都是这种，慢慢就商业化了。 10. 问：会不会觉得古城管理偏向游客，对商户不太友好？ 答：肯定偏向游客，其实古城里面好多游客都无理取闹的。 11. 问：是不是还会参加一些志愿活动？ 答：有啊，每天都有。 问：是轮着来的吗？ 答：每个商铺都要去几次，20 个小时吧，几天完成。 12. 问：外地商户与本地商户管理有差异吗？ 答：丽江古城管理非常好。没有多大差别。 13. 问：会聘用本地居民来帮忙吗？ 答：学校职高，做兼职，六七天这种。 14. 问：怎么看医疗、教育？ 答：都很好，都可以报。 15. 问：会考虑迁户籍，小孩是在哪里上学？学校会开展特色文化学习吗？ 答：不会，在古城上学，家里在农村。会学的，东巴文学习。 16. 问：平时业余生活和本地居民交流多吗？朋友大多是大理的吗？ 答：一起玩，四五个约起来去农家乐。丽江的多一点，大理的很少。
调查者 L	四方街米线店老板，来丽江 7 年了，河南人	1. 问：是新丽江人？ 答：新丽江人。 2. 问：是一个人来这里还是一家人？ 答：和老伴一起来。 3. 问：户籍？ 答：孩子在河南，亲戚也在这边，亲戚来了十几二十年了。 4. 问：会想一直待在这里？ 答：叶落归根，家里还有老人要伺候。 5. 问：会参加民俗活动吗？ 答：那个很少，基本上不参加，因为我没时间，天天上班。 6. 问：会感觉近两年生意没那么好做？ 答：不是一般难做，是很难做。

续表

访谈者	基本信息	访谈内容
调查者L	四方街米线店老板，来丽江7年了，河南人	7. 问：多久回家一次？今年会回去吗？ 答：几年，今年不回去。 8. 问：为什么留在这里？ 答：因为在等疫情过去。 9. 问：管理对本地居民和外地居民有区别吗？ 答：挺好的，文明执法。本地居民有房租收，没必要劳心劳力，外地居民就是打工的。 10. 问：本地居民会在这里消费吗？ 答：不会。 11. 问：这里是古城区房租最高的地方，今年房租有减免吗？ 答：对，好的房东会减免，政府会减免，有一部分房东不减免。 12. 问：外地商户增加对丽江古城影响？外地文化的进入对古城文化会有影响吗？ 答：外地居民的介入促进本地发展。没什么影响，因为根本不沾边，他只做他的生意，别的根本不管，他们出来投资都是为了挣钱。 13. 问：会平时组织学习本土文化吗？ 答：那倒没有。 14. 问：平时会雇用本地居民？ 答：会，有的做兼职的，像你们学生。 15. 问：会去文化院落吗？ 答：有的时候会的，比如朋友来啊，想了解本地风俗，我们自己倒不会。 16. 问：朋友都是河南的？本地居民不多？和本地居民相处会不一样吗？ 答：全国各地都有。少数民族和汉族当然会有不一样。 17. 问：会参加志愿活动吗？ 答：一个公司会抽出一个两个去参加志愿者。 18. 问：不满意的地方？ 答：除了房租高，没有不满意。 19. 问：医疗教育？ 答：孩子在家上学，教学质量不如老家。 20. 问：几年回家一次？ 答：没个准，过年不可能回家，老公五年不回家，我淡季回家 10 天，孩子暑假、春节会过来。
调查者M	客栈老板，四方街，来丽江3年多了，黑龙江人	1. 问：店铺营销？ 答：自己投钱，靠自己在平台维护，携程什么的。 2. 问：和本地居民来往多吗？ 答：很少，主要还是和外地居民一起玩。 3. 问：本地居民开客栈多吗？ 答：本地居民开不了客栈。 4. 问：会有自己客户群吗？回头客多不多？ 答：有，我们店回头客 80%。 5. 问：民俗活动会参与吗？平时工作之余？ 答：不参与，还不如去酒吧喝点酒。平时刷抖音，躺一躺，会带客人逛古城，自己不会逛。 6. 问：是自己一个人过来吗？户口迁过来了吗？身边会有小孩子在这里读书吗？ 答：亲戚朋友都在这儿。没有。正常不会考虑在这边，这边医疗、教育比较落后。 7. 问：客栈会雇用本地阿姨吗？员工流动性大吗？ 答：打扫的会雇用，其他的不会。

续表

访谈者	基本信息	访谈内容
调查者 M	客栈老板，四方街，来丽江 3 年多了，黑龙江人	8. 问：古城管理有什么看法？ 答：有利也有弊，本地居民比较认死理，很多事情可以人性化、变通化处理，非得较真，按规矩做，管理比较严格，在这边做生意不好做。比如古城白天进来非常严格，12 点以后就没人管了。 9. 问：和本地居民交流多吗？ 答：我们和外地居民打交道比较多，和本地居民比较少。 10. 问：在这边待多长时间？有没有感觉人变少了？ 答：3 年多了，今年少了，可能是因为疫情，没有疫情的话还是可以的。 11. 问：会不会想要长期留在这里？买房呐？ 答：在这里先赚钱吧，做生意还是可以的。买房不考虑这里，这边只适合在古城做生意、经营，文娱设施各方面太落后了，大理、西双版纳比丽江强一点，这里医疗条件差。 12. 问：外地居民多了以后本地居民观念还是不会改变吗？ 答：你带动不了他，稍微影响一点点吧。 13. 问：来这里会学习本地语言文字吗？ 答：会了解一些，因为入乡随俗嘛，不触犯这边忌讳。 14. 问：为什么想来这里？喜欢这里的什么？ 答：当初来这边旅游，觉得这边挺好就留下来了。喜欢这里的生活节奏吧，大多数人留在这边的原因都是这样，来这边玩，感觉挺好就留下了，60%差不多，很多游客也是这样，来这边玩，手里有闲钱就投资一个客栈。 15. 问：离开丽江的原因？ 答：赚不到钱了呗。 16. 问：多久回一次家？ 答：一年回一两次吧，淡季回去。 17. 问：会去逛文化院落吗？ 答：不去。 18. 问：客栈布置会特意靠近这边文化吗？ 答：必须符合本地规矩，里面没有要求，外部必须符合要求，整体还是客栈文化，要符合古城风格。 19. 问：会不会吸收借鉴其他客栈比较好的经营模式？ 答：会，如果不借鉴好的，一直按照原来的传统来的话，不会有这么多客人。 20. 问：会有亲人朋友因为您的原因到这边来吗？家人朋友都主要在这边吗？ 答：这个是会有的。朋友比较多，亲人的话在家那边。 21. 问：这边房租怎么样，会涨吗？ 答：房租签长期，20 年合同，会涨，每 3 年一递增。 22. 问：管理希望改进的地方？是偏向游客吗？ 答：期待也没有用。是偏向游客。 23. 问：觉得古城商业化严重吗？对传统文化会有影响吗？ 答：任何东西都是有利有弊的，商业化带来的都是便利。没什么影响，传统文化早被人淡忘了。 24. 问：不满意的地方？ 答：还好，对付过吧。 25. 问：本地居民工资便宜？ 答：对，3 000 块钱。

续表

访谈者	基本信息	访谈内容
调查者 M	客栈老板，四方街，来丽江 3 年多了，黑龙江人	26. 问：酒吧老板主要是投钱吗？老板比较多外地居民？ 答：第一投钱，第二经营理念也带过来了。80%，100%差不多，员工比较多本地居民，丽江是一个玉龙雪山养活了整个丽江的人，打造出太多就业机会了。 问：玉龙雪山外地居民多吗？ 答：不多，基本上是本地居民。
调查者 N	七一街，鲜花饼店员工，48 岁，居留时间 3 年，大理人	1. 问：您之前在哪个地方工作？为什么离开之前的地方？ 答：我们之前一直在大理那边做一些临时工嘛，因为平时要照顾家里，照顾孩子，所以一直在做各种工作，像兼职那种的，后来孩子们长大了嘛，就想着说出来找份正式工作，不想给孩子们太多负担嘛，再加上我们公司的福利制度什么的工资什么的都挺好的所以就过来这边了。 2. 问：您当初为什么来丽江开店，有哪些因素？ 答：我们这是个连锁品牌，古镇里面都有四五家呢，我们也只是公司的员工，其实过来还是主要因为我喜欢做这份工作，这份工作让我觉得做起来很快乐，心情也很好。 3. 问：您是一个人过来丽江的吗？是否有亲戚朋友在丽江这边呢？ 答：我们是老乡介绍过来的，但是亲戚朋友平时还是会过来丽江看我，比如节假日之类的我的孩子们就会过来看我。 4. 问：您打算在丽江待多久呢？是否愿意长期在这边定居呢？ 答：我还是非常愿意待在这边的，如果没有其他原因的话，我挺想在这边一直做到退休的，以后条件允许的话也会考虑在这边定居。 5. 问：如果有一天会离开丽江，您觉得会是什么因素呢？ 答：我反正是不想主动离开的，因为我还是很喜欢我的工作的，如果离开的话应该就是退休吧。 6. 问：现在生意不好做，是什么因素让您选择继续留在丽江？ 答：是的嘛，疫情之后景区游客确实少了很多，跟以往比起来生意没有那么好了，但是我们也只是员工嘛，所以其实没有受到太多的影响，主要还是老板他们可能受到的影响大一些吧。 7. 问：您在丽江待久了，有没有特别想念家乡或者以前的城市？ 答：没有想家，因为现在孩子们也大了，也不需要操心嘛，而且像他们平时也会过来看我，一起在古城耍哈，还挺开心的，也不是很想念以前的城市，现在交通还是蛮方便的，所以一般我们都是 2 个月左右就回家一次，但是节假日什么的我们还是会在这边，不忙的时候就经常回去。 8. 问：您平时的工作状态是怎样的？有什么不满意的地方？ 答：平时工作状态还是挺好的，我觉得这边的工作氛围还是不错的，比如我们公司每天都会安排三轮换班，所以相对来说还是比较轻松的，而且，我们这边很多商铺也都会安排轮休什么的嘛，所以也不是很累，我觉得最重要的是做这份工作真的让我觉得很开心，所以还是很喜欢这种状态的，我们平时也不会很辛苦，特别是疫情之后嘛，游客少了，我们的工作量就更小了。没有什么不满意的地方，我觉得这边工作很不错。 9. 问：是否和本地居民有沟通？ 答：还是沟通得比较少，我们这种工作时间比较固定嘛，平时接触到本地居民的机会也不多，而且就像你们说的嘛，现在城区好多人都是外地居民，所以本地居民这边也是比较少，就是偶尔会听到我们老板说起一些，但是也很少，但是可能和游客的沟通更多一些吧，我还是很喜欢跟人说话交往的。活动我们平时参加也比较少，我们平时工作比较忙，偶尔下班的时候会看到有那些“打跳、篝火晚会”之类的活动，但是我们也不太会去关注。

续表

访谈者	基本信息	访谈内容
调查者 N	七一街，鲜花饼店员工，48岁，居留时间3年，大理人	10. 问：变化有哪些，有哪些建议？ 答：我来这边其实觉得最大的变化，可能就是疫情带来的影响吧，最近古城旅游的人没有那么多了，还有就是古城管理更加严格了，管理得更好了吧。也没有什么意见，我觉得现在旅游发展得挺好的。 11. 问：您能举几个例说明您觉得管理变好体现在哪些方面吗？ 答：其实我觉得比如像我们店铺门口的设施摆放，卫生之类的嘛，就是古城那边会每天专门派人过来检查，如果不合格的我们有些时候是会被叫去谈话的，而且每天会安排专门的人进行巡逻什么的，有些游客素质比较低，乱扔垃圾的话就会被警告，我觉得这种就是管理得更好吧。 12. 问：您觉得外地居民增多对本地旅游有什么影响？旅游产品是否变多？劳动力供给是否更加充足？旅游营销是否更好做？ 答：这个其实我们也了解不多，不过肯定外地居民过来还是带动本地旅游发展的吧，大家都在宣传自己的产品，所以应该也会让产品更加丰富吧，像我们鲜花饼，古镇里少说也有二三十家嘛，产品肯定是很多的。近几年其实这边还是不缺人的，这几年生意不好做，好多人都走了，没在古城做了，所以这块招工还是比较少，相对来说是充足的吧。 13. 问：本地旅游管理对您有哪些影响？您对本地旅游管理有什么建议？ 答：我觉得我们古城各方面的管理还是做得很不错的哈，像古镇环境检测什么的做得很到位，建议的话，我也没有什么，不过你们刚刚说像这种文化活动什么推广之类的，其实可以给我们外地居民一些了解机会嘛，我还是很喜欢和别人交流的。 14. 问：您喜欢丽江吗？原因是什么？ 答：我觉得我还是很喜欢丽江的，因为这边空气环境什么的是非常不错的哈，而且我真的比较喜欢我这份工作，所以在这边生活还是很惬意的。 15. 问：外地居民会被本地居民排斥吗？ 答：我觉得是不会的，一方面是因为其实我们这边每个商铺是独立的，买不同的东西，平常沟通得比较少，所以可能他们也不会刻意地排斥我们。另一方面其实丽江本地居民的性格还是很好的，挺热情的，所以也就不存在排斥的问题了。 16. 问：像您平时的收入是在古城开销比重大些呢？还是会把大部分邮寄回家？ 答：我觉得还是会大部分寄回家，因为在外地工作如果说存不下来钱，那样出来工作的意义就没有了，但是这可能也和年龄有关，像我们这一辈的人就是平时生活很节约，所以在古城的开销也比较小，像是我们住在古城外围，住房的价格还是比较低的，这样每个月都能省下一些钱，一般来说70%~80%都还是会邮寄回家或者转账。 17. 问：请问您平时接触和了解本土文化的机会多吗？ 答：其实不是很多，我们这边主要还是以工作为主，平时管理局那边跟我们老板沟通得更多一些，像我们一般没有专门地了解本土文化。
调查者 O	七一街，扎染店员工，32岁，居留时间4.5年	1. 问：您之前在哪个地方工作？为什么离开之前的地方？ 答：之前就是在老家那边工作，个体经营卖些小玩意，我们很早就来丽江这边工作了，我们福建人很多过来丽江这边的，我们也是朋友介绍过来的嘛，说这边生意好做，就过来了，像之前我们很多都是过来卖那种手工艺品和小饰品的，我们家之前也是卖那种的，只是近两年才开始做扎染的，扎染近两年很火嘛，就转行做这个了。 2. 问：您当初为什么来丽江开店，有哪些因素？ 答：朋友说这边生意好做嘛，就跟着过来了，早些年丽江这边经营收益还是相当不错的，就过来这边试一试。 3. 问：您是一个人过来丽江的吗？是否有亲戚朋友在丽江这边呢？ 答：不是一个人，我和我老公一起过来的，还有一些老乡、表亲什么的，前两年我孩子还小的时候，也过来上了一段时间的幼儿园，但是后来实在是觉得这边教育跟不上，就是感觉跟我们家那边孩子表现差很多，后来就把他送回去了。

续表

访谈者	基本信息	访谈内容
调查者O	七一街，扎染店员工，32岁，居留时间4.5年	4. 问：您打算在丽江待多久呢？是否愿意长期在这边定居呢？ 答：前些年生意好做的时候，我们还是比较愿意留在这边的，但是我们一直就是看市场行情，也不是说走了就不回来了，我们之前也回过家做过其他生意，后来又回来了，就这样反反复复的，我们现在因为疫情影响嘛，所以计划可能房租到期就走吧，不过也不一定，要看之后的情况吧。 5. 问：如果有一天会离开丽江，您觉得会是什么因素呢？ 答：因为生意做不好，就离开吧。 6. 问：现在生意不好做，是什么因素让您选择继续留在丽江？ 答：我们也想走的嘛，不过房租没到期，所以走不掉。 7. 问：您在丽江待久了，有没有特别想念家乡或者以前的城市？ 答：想家当然是会想家的，毕竟家里有老人和小孩的，孩子也还小嘛，还是很希望能够多花点时间陪陪他，而且像我们在外面工作久了还是会累的，压力也蛮大的，所以肯定想家。 8. 问：您平时的工作状态是怎样的？有什么不满意的地方？ 答：近期工作状态肯定是不太好，疫情之后你们也知道，客流量明显减少了，生意越来越不好做，平时其实也差不了太远，这两年古城越来越商业化，古城管理也越来越严格，你看像现在古城的商业气息越来越重的哈，好多家开扎染的铺子嘛，不像几年前那个时候古城商业化还不是那么严重的时候，古城就只有三四条街上在卖东西，哪像现在你们看古城外围都是商业化了的，以前游客过来就一两条街，自然而然地，我们生意也更好做嘛，而且以前商业化没有那么严重的时候，我们店铺门口还可以种一些花，以前商铺门口养鸟、养狗、养猫的特别多，游客就喜欢这些嘛，就会主动过来，店铺门前环境更好，对游客的吸引力就更大，我们的货什么也更好卖嘛，而且像古城管理的那些人，他们就是连商业促销都不让我们做，打折牌子一律不准挂出来，否则就有惩罚。我们想清仓大甩卖之后转铺子都不好弄，像我们家那边厦门鼓浪屿什么的还有像我朋友在束河古镇那边都没有遇到过这种情况，他们那边的装修什么也可以自己选，像古城这边管的地方就很多余了，还有之前收古城保护费也是一样的，古城收完保护费，游客都不过来了，其实我们都知道的嘛，丽江主要还是因为过来看看这边的玉龙雪山、蓝月谷之类的自然景观哈，所以那段时间几乎很少有游客过来，我们的生意直接受到很大的影响，后来管理局把费用从80元降为50元。 9. 问：您会参加本地居民的活动？ 答：我们平时不太会跟本地居民沟通的，活动我们也不会参加的，这边好多活动都是本地居民才参加的，就是本地居民在那里举办，然后吸引游客嘛，主要还是为了游客，不会给我们这些商户想的。 10. 问：您对丽江旅游发展有哪些建议？ 答：这几年最大的变化就是我刚刚谈到的商业化越来越严重了嘛，古城的生活氛围也没有之前那么舒适了，像以前那样自然纯粹一些，我们的游客也多一些，前段时间疫情的时候酒吧街那边有很多在街上无偿献唱的，那时候还是有很多游客过去看的哈，就有点以前的样子了，本地旅游发展的建议挺多的，比如他们管理局这块嘛就是应该多为我们商铺经营主着想一些，因为这边经营环境不好的话，就有很多人会走嘛，自然流动性就更高了，他们自然也就不好管理，你们觉得是不是，而且像疫情这种如果管理局能出面让那些房东减免一下房租的话我们商户也会更好嘛，我觉得古城这块发展还是需要一些商业活动的，但是不能太多，所以有些地方管理局还是应该限制一下，比如不要再让更多街道商业化，你看现在几乎古城里的住宅都有商户在经营小本生意，完完全全就是给人感觉没有以前那种民风了。

续表

访谈者	基本信息	访谈内容
调查者 O	七一街，扎染店员工，32 岁，居留时间 4.5 年	11. 问：您觉得外地居民增多对本地旅游有什么影响？旅游产品是否变多？劳动力供给是否更加充足？旅游营销是否更好做？ 答：我们外地居民过来这边做生意肯定是带动这边旅游发展嘛，商品供给确实是增多了，以前古镇都没有很多商铺的，本地居民不太喜欢做生意的，我们外地过来的会想办法去挣更多钱，所以也是带动发展吧，而且我们过来之后他们本地居民把房子租给我们，他们就可以收房租嘛，所以他们本地居民也更有钱了。这几年好多商户都走掉了，我们福建这边这些老乡，据我了解疫情防控期间有将近 1/4 的人都回家或者到大理、束河古镇这种地方去做生意了，所以其实这里不缺工人，他们本地居民有些也会去民宿或者餐厅打工，所以我觉得还是很充足的。其实宣传方面没有说更好做，我们以前促销手段很多的，那样更能吸引到游客，现在你看大家过来店里只是看看都不会买的。 12. 问：您是否喜欢丽江？原因是什么？ 答：我们就是过来这边工作的，做生意的，所以其实在丽江就是过来打工的嘛，我喜欢以前的丽江，现在不喜欢了，现在这种氛围太压抑了。 13. 问：您被本地居民排斥吗？ 答：我觉得不说排斥但是肯定是区别对待会有一些吧，但是他们本地居民还是会欢迎我们过来这边做生意，因为我们过来他们房子租出去好多本地居民就有钱了，他们有些房子像我们这边一年 35 万元租金，所以好多本地居民都把房子租出去赚钱。 14. 问：像您平时的收入是在古城开销比重大些呢？还是会把大部分邮寄回家？ 答：我这边毕竟还是孩子读书呀，老人健康医疗什么的需要嘛，我们有空余的钱都会说给家里人邮回去，但是我们其实也没有挣太多钱，所以拿回去得很少，你看我们平时大部分钱都用来付房租了，而且景区里面物价还是挺高的，所以我们日常生活花费得也挺多的。 15. 问：请问您平时接触和了解本土文化的机会多吗？ 答：我们不怎么了解他们这边的文化，但其实他们本来也不太重视，他们好多有活动我们也不会知道，他都是通知到大房东那边，房东会过去参加，我们一般不参与。
调查者 P	七一街，银饰店老板，41 岁，居留时间 2 年，福建人	1. 问：您之前在哪个地方工作？为什么离开之前的地方？ 答：之前在家那边做点小生意，因为这边说是经营条件更好所以过来了。 2. 问：您当初为什么来丽江开店，有哪些因素？ 答：最开始朋友他们在这边做生意觉得挺好的，后来就过来这边了。 3. 问：您是一个人过来丽江的吗？是否有亲戚朋友在丽江这边呢？ 答：我是一个人过来的。 4. 问：您打算在丽江待多久呢？是否愿意长期在这边定居呢？ 答：我是不想在这边久待的，这边生意不好做，你看像现在这种本来游客量就少，游客还总觉得你卖的东西不好呀，觉得贵呀什么的，你看我们这银戒指纯银的，卖 50 元也不会有人买，定居肯定是不会的，这边物价好高的，但是不是说住房物价，主要是房租什么的。 5. 问：如果有一天会离开丽江，您觉得会是什么因素呢？ 答：我现在其实已经想要走了，但是租房合同还没有到期，反正是觉得走一步看一步吧，看看未来一段时间生意会不会好做一些，到时候再决定。 6. 问：现在生意不好做，是什么因素让您选择继续留在丽江？ 答：租房合同没到期。 7. 问：您在丽江待久了，有没有特别想念家乡或者以前的城市？ 答：肯定是想家的，一个人过来这边做生意很累的，当然想要尽快回家了，本来之前觉得如果生意好，还可以让家里人也过来待一段时间的，现在不行了。

续表

访谈者	基本信息	访谈内容
调查者P	七一街，银饰店老板，41岁，居留时间2年，福建人	8. 问：您平时的工作状态是怎样的？有什么不满意的地方？ 答：工作状态不太好，因为生意不好做，挣不到钱，不满意挺多的，主要就是管理这块嘛，我觉得他们的管理不是很人性化，平常也不会说关心我们商户什么的。 9. 问：您平时和本地居民是否有交集？ 答：当然不参加了，沟通很少的，你看我们这临街商铺很多都是外地居民的，而且我们有些时候商铺之间也不太沟通的，比如说对家卖银饰我们也从来不会过去讲话的，会有竞争的嘛，再比如旁边这些商铺卖的东西不一样，我们也不太了解所以不怎么交流，我们更多时候还是说和在这边的福建朋友聊一聊，但其实聊得也不多。 10. 问：您对丽江旅游发展有哪些建议？ 答：之前这边做生意的成本相对来说没有那么高的，所以生意会好做一些，现在不一样了，有些本地居民都把房租炒得老高，而且景区物价也是越来越高，要是我们这批商铺走了，马上就会有下一家接替，建议嘛，我觉得可以为我们外地过来的经营者一些利益保护嘛，比如我家那边，那边那些商铺不是想开就可以开的，人家规定卖东西是需要有条件的，而且像镇里的房租，管理人员那边都是会统一管控的，不会说太高，太低，而且特殊时期他们还会有补贴什么的所以商铺的人员流动性也没有那么大。 11. 问：您觉得外地居民增多对本地旅游有什么影响？旅游产品是否变多？劳动力供给是否更加充足？旅游营销是否更好做？ 答：肯定是促进发展的，旅游产品是相比以前更多了，劳动力这块我觉得没有特别大的变化，但是可能也有点影响，因为来这边工作的老板通常会让自己的亲戚朋友过来帮忙。供给我觉得是增加的，但是同时我们经营者面临的市场竞争也是大了很多的，营销这块我觉得可能也没有很大的变化，像我们银饰这种的比较特别，价格什么的相对稳定的，所以不会说降价吸引游客什么的。 12. 问：本地旅游管理对你有哪些影响？你对本地旅游管理有什么建议？ 答：建议嘛，我觉得主要的就是市场监管这一块需要多做一些努力吧，像你刚刚说的一是市场行为规范嘛，二就是应该建立一些市场准入准出制度，他们人口流动少了古城管理也更加方便了。 13. 问：您喜欢丽江吗？原因是什么？ 答：也没什么特别的其实，跟以前在家做生意也没有差得特别多，我觉得丽江这个城市过来旅游还是相当不错的，这边风景名胜很多的嘛，环境什么的也还不错，不过我们商铺主在这边的一些环境方面就需要改进了。 14. 问：本地居民排斥外地人吗？ 答：我觉得他们应该是不会排斥我们过来的，我们过来他们经济发展得更好了嘛，你看像近几年丽江旅游发展得很迅速的，我们这边外地居民过来经营之后才吸引那么多游客，所以有一部分是这个原因，而且他们好多本地居民都迁出去了，不在城区生活了，所以我们接触到的机会还是很少的，所以我感觉也不存在排斥什么的。 15. 问：像您平时的收入是在古城开销比重大些呢？还是会把大部分邮寄回家？ 答：肯定是古城这边开销大些嘛，像这边都是1块钱一度电，8块钱一吨水，生活开支相当大的，但是这边租房住宿还是比较便宜的，像我们在外面住房也就600元左右一个月，还有就是古城区里面这个物价还是挺高的，所以我们生活费很贵的，但是你刚刚说的物价提高影响方面，我觉得主要是对我们外来商户影响大些，因为他们本地居民好多都搬出去了，留在这边的大部分都是老年人，老年人平时生活很节约的，所以他们开销不大的，但是我们就不一样了嘛，基本一日三餐都是在这边点外卖解决的，古城商铺里面是不允许我们做饭的，所以平时能寄回去家里的钱还是比较少的。

续表

访谈者	基本信息	访谈内容
调查者 P	七一街，银饰店老板，41 岁，居留时间 2 年，福建人	16. 问：请问您平时接触和了解本土文化的机会多吗？ 答：几乎不参与他们这边的文化活动，他们这边一般有活动的话都是社区直接通知房东过去参加的，我们平时一个人要看店，也不会说有很多机会去参加这些活动，像平时宣传推广，其实也是内部进行得比较多，反正我这边对本土文化了解得还是不够的，但换句话说我们来这边主要还是做生意嘛，挣钱为主，文化的话不是自己家乡文化，所以其实了解的兴趣也不会很大，我们商铺经营主们变动很大的，有些在这边经营一个月左右就走了，大家自然也就不想了解了。
调查者 Q	五一街，首饰店员工，20 岁，来丽江 2 年了，贵州省安顺市人	1. 问：您是一个人过来丽江工作吗？ 答：是的，一个人过来的，我们公司有四五个小姐姐都是一个人过来的，因为公司调派嘛，就过来这边了。 2. 问：您是之前一直在丽江这边工作吗？ 答：没有，之前有在湖北工作过，我在武汉那边待了差不多 1 年左右吧。 3. 问：您方便告诉我您后来为什么选择来这边工作，没有继续留在武汉吗？ 答：我之前在武汉是做美容相关的工作的，像美甲美睫的那种，女孩子的天堂呢，后来来到我现在这个公司嘛，这个公司晋升福利什么的条件更好，我们公司是去年年底才成立的嘛，现在已经有 60 多家客栈了，发展得很快的。 4. 问：您之后会有长期留在丽江古城这边的打算吗？ 答：会调的，我们公司会有调派的，所以这边不确定嘛，还是来回调动的，不是固定的，就可能哪个地方需要就往哪里搬。 5. 问：那我们假设排除工作调派的关系，或者说公司安排咱们长时间留在丽江古城这边，您看您愿意吗，您觉得丽江是一个可以长期定居的城市吗？ 答：可以呀，如果是这样的话，我还是蛮愿意长期留在这边的，但是男朋友肯定不能找这边的人。 6. 问：抛开男女关系的原因，您对丽江古城的感情是怎样的呢？ 答：就是觉得丽江这边挺好的呀，很适合就是久待，太适合生活了，你不觉得吗？可以一边工作一边旅游，随时去哪里走走，像雪山呀，蓝月谷呀这些都很好玩，而且像生活节奏这些也很好嘛，所以以后也可以考虑一下在这边嘛。 7. 问：假如说您觉得有一天您会离开古城的原因是什么？是因为工作晋升的因素吗？ 答：对，可能还是说因为工作调派。 8. 问：您看今年，因为疫情原因，你觉得对古城商铺经营的影响有没有很严重呢？ 答：有嘛，整个古城都还是受到蛮大的影响的，因为人流量确实减少挺多的，古城停业两个多月嘛。 9. 问：您来这边时间还是比较长，那您一般多久会回家一次呢？ 答：我一般两三个月会回家一次，因为其实现在微信视频通话什么的也比较方便嘛，所以经常都在和家里的人联系，也不会说特别想回家，而且年轻人嘛，就想在外面多走走看看。 10. 问：您能举几个例子说明您觉得管理变好体现在哪些方面吗？ 答：我觉得环境管理更好了，像他们现在都会安排卫生检查之类的，平时也会有专门的人过来打扫各方面的。 11. 问：您觉得外地居民增多对本地旅游有什么影响？旅游产品是否变多？劳动力供给是否更加充足？旅游营销是否更好做？ 答：我觉得应该是让丽江这块的旅游发展得更好吧，因为这边人过来多了，消费什么的也就越来越多了，所以他们地方这些经济会发展得更好吧，而且像我们这边这种好多小姐姐过来这里因为喜欢这里，还在这边谈恋爱什么的，有些会选择直接留在这边的，营销这块我觉得是会有促进的嘛，像我们公司的话就是会有专门的公众号，微信推广之类的嘛，这种方式可能说更加方便快捷，他们本地居民好多也是看到我们这么做，然后一起弄的。

续表

访谈者	基本信息	访谈内容
调查者 Q	五一街，首饰店员工，20 岁，来丽江 2 年了，贵州省安顺市人	12. 问：本地旅游管理对你有哪些影响？你对本地旅游管理有什么建议？ 答：我觉得他们管理这块做得还是很到位的，我没有什么特别的建议。 13. 问：您喜欢丽江吗？原因是什么呢？ 答：我很喜欢丽江的，比较喜欢这边的生活环境这样子，这边空气好，风景好，有的游客也挺有意思的，所以我还是很喜欢丽江这个城市的。 14. 问：像您平时的收入是在古城开销比重大些呢？还是会把大部分邮寄回家？ 答：我们这边日常的生活开销还是比较小的，因为像三餐什么的公司都是直接包管的，住宿的话也是住在公司安排的地方，之前我们还会点外卖，但是现在觉得这边的吃得都不好吃有的还很贵，所以我们现在都没有像之前一样了，有些时候我还会自己做饭带到这边来吃所以还是开销不大，我的话现在工资一个月 5 000 元左右嘛，有差不多 3 000 元还是可以存起来的，我们公司晋升福利很好的以后肯定是条件越来越好的。
调查者 R	五一街，户外运动店老板，28 岁，居留时间 6 个月，四川人	1. 问：您当初为什么来丽江开店，有哪些因素？ 答：接朋友的班，进来这家公司以后就在这里干。 2. 问：您是一个人过来丽江的吗？是否有亲戚朋友在丽江这边呢？ 答：不是，和亲戚朋友一块儿来的，还有几个朋友在那个东大街的那家店里，你们住在附近，过来的时候不知道注意到了没有，我们两家是连锁店，都一样，古城里就我们这两家。 3. 问：您打算在丽江待多久呢？是否愿意长期在这边定居呢？ 答：我还是比较愿意留在这里的，要是留下来也可以嘛，毕竟我才刚到，待的时间不是很长，觉得很新鲜，很喜欢这里的。 4. 问：如果有一天会离开丽江，您觉得会是什么因素呢？ 答：现在没考虑过这个问题，我才来了两个月怎么会想离开呢，就是觉得这里好才过来的嘛，来了之后也觉得不错，要是之后实在待不下去，估计是不喜欢这里了吧。 5. 问：您在丽江待久了，有没有特别想念家乡或者以前的城市？ 答：不怎么想家的，毕竟离家不远，这我们回去很方便，想回很快就能去了，半个小时 20 分钟就能到机场，然后坐飞机一个小时多一点就能到机场。而且这里也有很多的亲戚，不是太会想家的，丽江这里也不错嘛。 6. 问：您平时的工作状态是怎样的？有什么不满意的地方？ 答：工作还是比较清闲的，和这里的生活节奏差不多，没有成都那么慢、那么悠闲，没事打打麻将什么的。当然也不会像北上广那样压力那么大，正好，正在中间吧，适中的，平时偶尔会来个客人咨询一下啊，我们就给他们讲解，介绍一下我们的产品，滑翔伞什么的，有的时候客人也会有一些特殊的要求，我们也是可以定制线路的，怎么滑可以碰面，坐下来一起喝喝奶茶，非常愉快。 7. 问：现在疫情防控期间生意不好做，有回去的打算吗？ 答：不会，这个疫情不会说是一直都有的，慢慢地就没了，就跟之前的“非典”啊什么的一样，总会过去的，那疫情之后还是要工作的嘛，我对这里以后的发展还是比较有信心的。 8. 问：您和本地居民是否有沟通？ 答：接触得少啊，平时我就坐在店里啊，有人来就介绍一下产品了，没人的话也就不怎么出去了，平常还是和顾客接触多一些。和本地居民的话，看看以后有没有机会。 9. 问：您觉得外地居民增多对本地旅游有什么影响？旅游产品是否变多？旅游营销是否更好做？ 答：外地居民过来让这里的旅游越来越好了嘛，还有一些好的经营理念也带过来了，像我们现在就是有公众号之类的能够推广产品，这些都是外地居民带过来的，这种线上和线下的营销方式，就是这样的。

续表

访谈者	基本信息	访谈内容
调查者 R	五一街，户外运动店老板，28 岁，居留时间 6 个月，四川人	10. 问：您喜欢丽江吗？ 答：是挺喜欢这里的，如果有需要，我会待在这里的，当初也算是有着个人理想来到丽江，到了之后发现这里人们也比较好相处，管理也跟得上，比较看好这里的前景。
调查者 S	五一街，茶商老板，33 岁，居留时间 10 年，四川江安人	1. 问：您是一个人过来丽江工作吗？ 答：不是的，和家人一块儿过来的，过来的时间也挺长的，孩子都基本上算是在这里长大的。 2. 问：您是之前一直在丽江这边工作吗？ 答：不是，之前在老家，江安待过，后来来了丽江。 3. 问：您之后会有长期留在丽江古城这边的打算吗？ 答：不行的，还是要回去的，因为孩子要上学呀，还是得回四川去上学，这里的教育呀觉得不像四川教得那么多，不如那边丰富，教育方面还是比较落后的，让孩子回去读书更好一点。 4. 问：您打算在丽江待多久呢？是否愿意长期在这边定居呢？ 答：先暂时在这里待着吧，以后看情况再说，也在这里干了一段时间，有了一些老顾客，算是积攒了一些稳定的客源吧，等以后如果发展不好了，那就回老家去。 5. 问：您对丽江古城的感情是怎样的呢？ 答：就那样呗，还能有什么想法，就是做生意，买卖茶叶，生意好自然就高兴了，没有什么特殊的情感，这里的租金贵得要命，像我们在这里干了挺长时间的还有点老顾客，那些新开的店没有客人，全是散客，没有老顾客，生意更难做，房租都看房东，很多店都坚持不下去转让了。 6. 问：您平时的工作状态是怎样的？有什么不满意的地方？ 答：疫情之前还说得过去，但现在真是不好搞了，压力很大的，客人基本没有，也不能只靠那几个老客户，我们也得吃饭，一家老小的开销很大的，现在生意确实是不好做。 7. 问：您会参加本地居民的活动吗？ 答：见面的次数都不多，要是他们来店里买茶叶还能说上几句，要是不来就没办法了。 8. 问：您对丽江旅游发展有哪些建议？ 答：房租是个大问题，要是以后还这么高的话就没人租得起了，人只会越来越少，所以这个租金不能让房东自己随意加价。
调查者 T	五一街，药材店老板，女，来丽江 10 年了，四川人，户籍已迁到丽江	1. 问：您之前在哪个地方工作？从事什么工作呢？ 答：四川人，之前是做护士，学过中医。 2. 问：您为什么来丽江开店？有哪些因素？ 答：我之前是来这里旅游的，比较喜欢这个地方，就在这里工作啦。 3. 问：你是否准备长期在丽江居住？ 答：准备，户籍已迁过来。 4. 问：您和本地居民是否有相处？是否对丽江有归属感？ 答：有。有很多丽江的朋友。 5. 问：您是否会想念家乡？多久回一次家？ 答：也不会太回。大概一年回一次家，家里还有一些亲戚，要拜访一下。 6. 问：对于丽江的发展，您有什么不满意的地方？ 答：对环境挺满意的，环境改善比较大！但是垃圾处理这一块费用太高，需要每年 600 元的垃圾处理费，像餐馆一年的处理费会达到好几千元。电费相对于外围也比较高，古城为商业用电，电费大概为 8 毛一度。

续表

访谈者	基本信息	访谈内容
调查者 T	五一街，药材店老板，女，来丽江 10 年了，四川人，户籍已迁到丽江	7. 问：您是否会参加本地居民的日常活动？ 答：会参加，比如篝火晚会。 8. 问：外地居民来丽江，对古城有哪些影响？ 答：游客变多了。带动了旅游发展。 9. 问：您为什么要把户口迁到这里？ 答：因为孩子要上学，自己在丽江这边工作。为了让孩子在自己身边上学，就把户口迁到了这里，并且在古城外买了房，来获取上学资格。 10. 问：古城内工资水平怎么样？ 答：古城内收入不是很高，2 000~3 000 元。 11. 问：古城物价水平有没有提高？对你是否有影响？ 答：古城内物价有点高，但古城外围物价不是很高。 12. 问：这边房价多少？对您是否有影响？ 答：古城内房租有些低，古城外房价大约为 3 000 元一平方米，比老家的房子还要便宜。

附录C　统 计 数 据

2014~2020 年丽江市古城区及所辖各乡镇迁入人数　单位：人

年份	古城区	西安	大研	東河	祥和	金安	七河	大东	金江	金山
2014	2 371	788	185	288	582	24	225	26	16	237
2015	2 126	667	126	321	626	36	125	31	13	181
2016	2 476	867	143	333	679	22	161	20	18	233
2017	2 734	847	170	498	837	20	98	33	14	217
2018	2 848	748	98	646	855	32	132	21	12	304
2019	2 531	714	77	567	793	30	90	17	10	224
2020	3 534	934	224	810	1 252	20	101	8	19	266

资料来源：丽江市公安局古城分局

2014~2020 年丽江市古城区及所辖各乡镇迁出人数　单位：人

年份	古城区	西安	大研	東河	祥和	金安	七河	大东	金江	金山
2014	2 110	1 200	340	57	89	27	91	46	109	151
2015	1 821	965	302	76	137	33	98	35	32	143
2016	1 811	922	338	78	148	16	91	31	31	156
2017	2 016	992	372	91	238	43	81	23	23	153
2018	2 395	1 219	382	112	329	28	88	46	30	161
2019	2 178	1 125	358	131	222	21	99	46	31	145
2020	3 327	1 784	549	174	355	41	157	73	23	171

资料来源：丽江市公安局古城分局

2014~2020 年丽江市古城区及所辖各乡镇总人数　单位：人

年份	古城区	西安	大研	東河	祥和	金安	七河	大东	金江	金山
2014	152 733	39 280	23 299	12 895	12 972	5 943	22 137	6 858	3 484	25 865
2015	153 579	39 111	32 171	13 223	13 534	5 961	22 239	6 848	3 471	26 021
2016	155 237	39 355	23 042	13 595	14 237	5 973	22 438	6 858	3 457	26 282
2017	157 397	39 666	22 907	14 145	15 155	5 981	22 664	6 855	3 461	26 563
2018	159 126	39 567	22 716	14 816	15 899	6 042	22 869	6 837	3 455	26 925
2019	160 680	39 509	22 502	15 416	16 717	6 069	23 015	6 800	3 446	27 206
2020	161 707	38 760	22 209	16 197	17 813	6 039	23 073	6 736	3 434	27 446

资料来源：丽江市公安局古城分局

后　记

旅游劳务移民挤出效应研究是笔者及其团队关于旅游移民研究的第一项研究成果。旅游移民研究涉及旅游劳务移民及其挤出效应、旅游消费移民及其再嵌效应、旅游投资移民及其保值效应三大议题，三大旅游移民现象以丽江古城的挤出效应、西双版纳景洪的再嵌效应、保山腾冲的保值效应最具典型性和代表性。从旅游移民视角系统研究旅游目的地拓宽了旅游研究视野，将旅游现象放置在更为广阔的社会背景下进行分析，有利于揭示人口变迁对旅游目的地的影响，强化了旅游学科的社会价值和学科意义，将旅游学科研究更有机地融入科学交叉研究领域。

旅游劳务移民挤出效应研究重点解答了旅游目的地劳动力缺口的三大问题，即旅游目的地季节性经营带来的劳动力空缺、旅游目的地高质量供给带来的管理人才匮乏、旅游目的地盈利导致财富外流三大现象；同时分析了大量外来劳务人口注入对旅游目的地产生的影响，即外来经营商户对物质空间的挤占、外来人口激增导致居民外迁、流行时尚文化对本土文化的冲击三大挤出效应；基于上述分析，提出降低生活成本以减少资本挤出、扩大就业岗位以抑制用工挤出、推进租住同责以保护文化遗产三大主要对策。然而，旅游劳务移民对旅游目的地的正向影响、外来人口管理、财富外流等问题仍然还有待于进一步深化研究。

旅游劳务移民挤出效应研究凝聚了多方人员的智慧与指导。王文光教授、杨桂华教授、吕昭河教授、罗纯教授对研究给予了很多建设性意见；杨懿、王桀、钟晖、陈永涛、张鹏杨、吴信值、唐夕汐等学者对研究提出了诸多优化建议；马玉、钟宏伟、普蔚、刘岚、刘亮、孟帅康、隋普海、彭芸、高月、刘秋婷等博士生和硕士生参与了研究调研。对大家的指导与帮助表示由衷的敬意与感谢。

作　者

2023年6月于昆明